VIV
AVEC UN ENFANT HYPERACTIF

**Le guide indispensable aux parents
et aux enseignants confrontés à l'hyperactivité**

Dr Céline Causse

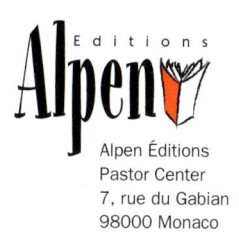

Alpen Éditions
Pastor Center
7, rue du Gabian
98000 Monaco

Céline Causse est médecin, spécialisée en psychiatrie. Titulaire d'une thèse sur le trouble du déficit de l'attention avec hyperactivité (TDAH), elle est aussi journaliste médicale. Elle a souhaité mettre à disposition de tous et en particulier des parents d'enfants hyperactifs et des enseignants, des informations claires sur le TDAH.

Du même auteur :
Les secrets de santé des antioxydants. Éditions Alpen, 2004.

Direction : Christophe Didierlaurent
Suivi éditorial : Fabienne Desmarets
Mise en page et infographie : Jennifer Casse

Crédits photos :
Banana Stock, Brand x, Digital Vision, Fancy Veer, Goodshoot, Image Source, Photo Alto, Photodisc.

Dépôt légal : 1er semestre 2006
ISBN : 2-914923-56-2
Imprimé en France 1er semestre 2006
Imprimerie Baud - 06 700 St laurent du var
Dépôt légal n°518 : 1er semestre 2006

Introduction

L'hyperactivité de l'enfant suscite un intérêt croissant comme en témoignent les nombreux articles, livres ou émissions de télévision consacrés à ce sujet depuis quelques années. L'augmentation de la fréquence de ce trouble, les nouvelles avancées de la recherche neuropsychologique, les nouvelles méthodes d'imagerie cérébrale et l'arrivée sur le marché de nouveaux traitements sont des explications possibles de cet intérêt.

Cependant, l'hyperactivité de l'enfant reste un sujet de controverse, notamment en France. Historiquement, deux conceptions se sont affrontées : l'une, anglo-saxonne, qui défend l'idée d'un trouble à l'origine neurologique et l'autre, plutôt européenne, qui s'intéresse à l'hyperactivité comme symptôme de troubles psychologiques sous-jacents. Aujourd'hui, la plupart des auteurs reconnaissent l'hyperactivité comme un trouble à part entière et les recherches concernant ses causes possibles se poursuivent à différents niveaux. Les facteurs génétiques, neurobiologiques, neuro-développementaux font partie de ceux qui sont les plus étudiés.

L'hyperactivité de l'enfant, appelée aujourd'hui TDAH (trouble du déficit de l'attention avec hyperactivité), est définie par les spécialistes par un regroupement de trois symptômes principaux : l'hyperactivité motrice, les troubles de l'attention et l'impulsivité. Ils sont fréquemment associés à d'autres troubles qualifiés de « comorbides » : troubles de l'humeur, troubles des

AVERTISSEMENT

Les informations contenues dans ce livre ne peuvent pas remplacer un avis autorisé. Avant toute automédication, consultez un médecin ou un pharmacien qualifié.

conduites, tics, anxiété... Mais chaque enfant est unique et l'hyperactivité peut se traduire très différemment d'un enfant à l'autre. Le diagnostic est souvent très difficile à établir d'autant que toute agitation psychomotrice n'est pas synonyme de TDAH. Toutefois un diagnostic précis est essentiel pour mettre en place une prise en charge adaptée. Celle-ci associe le plus souvent des mesures éducatives, psychothérapeutiques et médicamenteuses. Le seul médicament spécifique disponible en France est le méthylphénidate (Ritaline® ou Concerta®). Ce traitement psychostimulant donné aux enfants atteints du TDAH est l'objet d'une polémique qui ne désenfle pas. Tantôt critiqué, tantôt adulé, ce médicament est loin de faire l'unanimité. En France, certains médecins refusent encore de le prescrire.

Comment faire le diagnostic de l'hyperactivité ? Existe-t-il un test permettant d'établir le diagnostic à coup sûr ? L'hyperactivité disparaît-elle à l'adolescence ? Que se passe-t-il dans le cerveau de l'enfant hyperactif ? Quel rôle joue l'alimentation ? La Ritaline® est-elle dangereuse ? Autant de questions auxquelles ce livre tente de répondre.

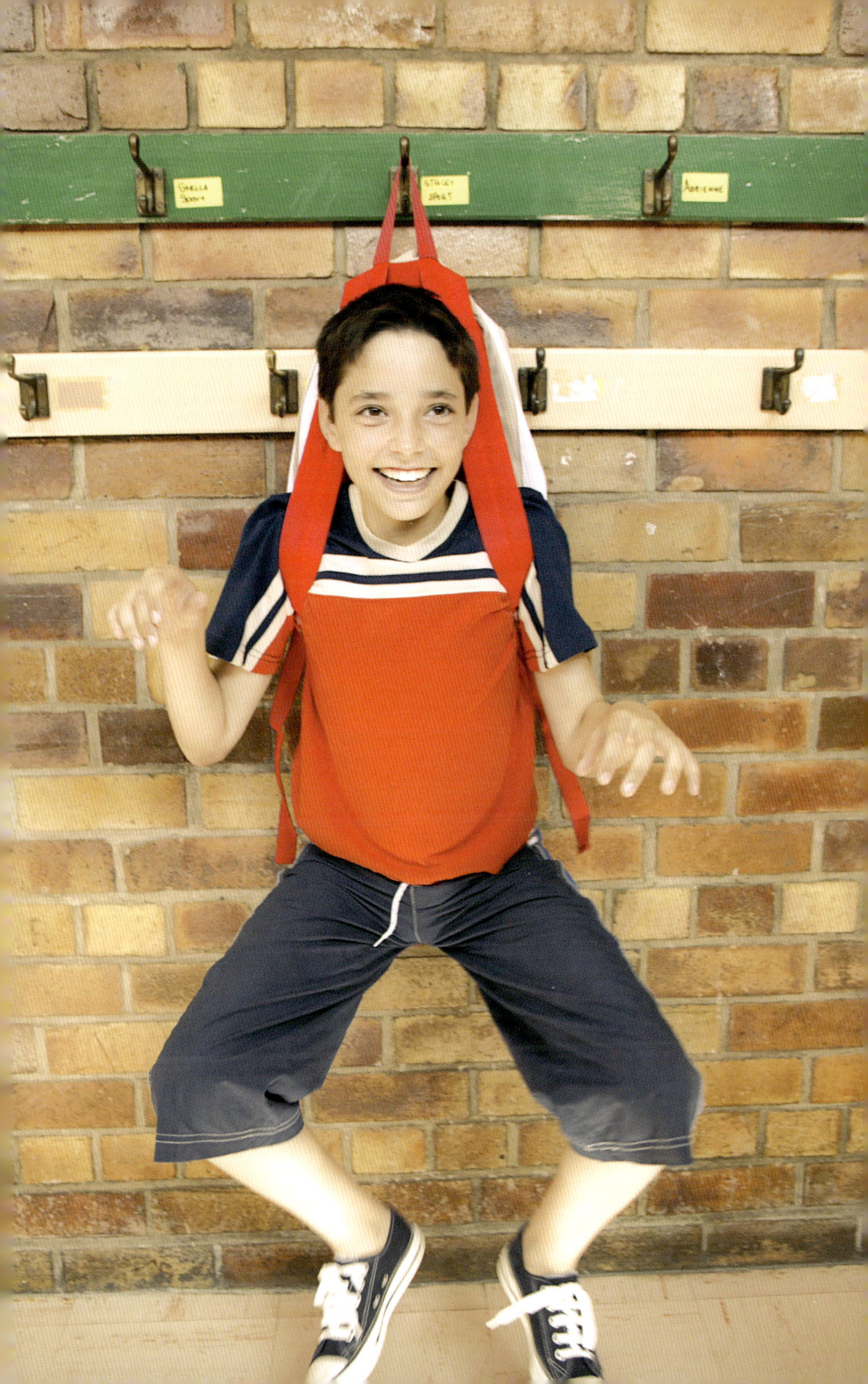
STACEY
ADRIENNE

TABLE DES MATIÈRES

L'HYPERACTIVITÉ, UNE MALADIE RECONNUE — 10
- Quand parle-t-on d'hyperactivité anormale ? — 10
- Les enfants turbulents sont-ils tous hyperactifs ? — 12
- Le TDAH, qu'est-ce que c'est ? — 14
- Le trouble de l'attention, un symptôme du TDAH — 16
- Les troubles des apprentissages — 18
- La dyslexie, un trouble plus fréquent chez les hyperactifs — 20
- Les troubles de l'humeur dans le TDAH — 22
- Le syndrome de Gilles de la Tourette en question — 24

L'ÉVOLUTION DU TDAH — 26
- L'hyperactivité chez les tout petits — 26
- Les adolescents hyperactifs — 28
- L'hyperactivité touche aussi les adultes — 30

D'OÙ VIENT L'HYPERACTIVITÉ ? — 32
- Une maladie génétique ? — 32
- Les facteurs de risque — 34
- L'alimentation a-t-elle un impact sur l'hyperactivité ? — 36
- Le TDAH peut-il avoir une origine psychologique ? — 38
- Le cerveau de l'enfant hyperactif — 40
- Attention et cerveau — 42
- Apports des examens neuroradiologiques — 44
- La biologie du cerveau et l'hyperactivité — 46

SOIGNER LES ENFANTS HYPERACTIFS — 48
- Qui consulter ? — 48
- Quel bilan médical faire devant une suspicion de TDAH ? — 50

TABLE DES MATIÈRES

Les examens complémentaires	52
La Ritaline®, un médicament miracle ?	54
Comment prendre la Ritaline® ?	56
Les nouveaux médicaments du TDAH	58
Des médicaments moins spécifiques	60
Les traitements naturels de l'hyperactivité	62
Les acides gras essentiels sont-ils utiles ?	64
Quand consulter un orthophoniste ?	66
La prise en charge psychologique	68
La thérapie cognitivo-comportementale	70
Apprendre aux enfants hyperactifs à se relaxer	72

L'HYPERACTIVITÉ AU QUOTIDIEN — 74

Comment gérer l'hyperactivité au jour le jour ?	74
Faire face à l'opposition et à l'impulsivité	76
Les enfants hyperactifs et le sport	78
Jeux vidéo, télévision et TDAH	80
À l'école	82
Comment l'enseignant peut-il aider un enfant hyperactif ?	84
Gérer les troubles de l'attention en classe et ailleurs	86
Mieux vivre avec un enfant hyperactif	88

VRAI / FAUX — 90

LEXIQUE — 91

BIBLIOGRAPHIE — 93

L'HYPERACTIVITÉ, UNE MALADIE RECONNUE

Quand parle-t-on d'hyperactivité anormale ?

Parler de TDAH chez un enfant est toujours sujet à débat. En effet, une hyperactivité n'est pas toujours synonyme de maladie, d'autant plus que l'enfant est petit.

L'hyperactivité : symptôme ou maladie ?

En médecine, un symptôme est un signe clinique dont les causes peuvent être multiples, au contraire d'une maladie dont tous les symptômes sont reliés à une même cause. Par exemple, la fièvre est un symptôme qui peut être dû à de nombreuses maladies. La grippe est une maladie qui se traduit par des symptômes spécifiques permettant de faire le diagnostic. L'hyperactivité a longtemps été considérée par les médecins comme un symptôme, celui d'une dépression par exemple. Aujourd'hui on sait que l'hyperactivité associée à un trouble de l'attention est une maladie à part entière dont l'origine serait probablement neurologique.

L'agitation motrice n'est pas forcément anormale

Bouger, sauter, courir, marcher, jouer, faire du bruit sont des comportements tout à fait normaux chez un enfant. Ce sont même des signes de bonne santé physique et psychologique. Jusqu'à trois ou quatre ans, les enfants sont souvent turbulents et c'est tout à fait normal. À cet âge, porter le diagnostic d'une hyperactivité au sens pathologique du terme n'est donc jamais une chose aisée. De plus, affirmer qu'un enfant est hyperactif alors qu'il ne l'est pas peut s'avérer tout aussi dangereux que de passer à côté d'une véritable hyperactivité. Le diagnostic est donc souvent posé *a posteriori*, lorsque l'hyperactivité persiste après sept ans *(lire page 26)*.

Quand l'hyperactivité devient pathologique

On peut dire que l'agitation devient pathologique quand l'enfant est **sans cesse en mouvement**, agité en permanence, ne peut pas s'empêcher de bouger, même pour faire des choses qu'il aime. Il ne peut se poser tranquillement pour faire un dessin ou pour faire ses devoirs. Il se met en danger sans en avoir conscience. Cette agitation est **désordonnée** : l'enfant papillonne d'une activité à l'autre sans fil conducteur. Ces particularités permettent de faire la différence avec une hyperactivité banale qui, malgré l'excès, reste cohérente. En fait l'hyperactivité devient véritablement une maladie quand **elle perturbe la qualité de vie** de l'enfant, quand elle n'engendre que des souffrances et aucun avantage. La plupart du temps, cette hyperactivité motrice s'accompagne de **problèmes de concentration et d'attention**. Cet ensemble de symptômes est alors regroupé sous le terme de TDAH (*trouble du déficit de l'attention avec hyperactivité*).

Les critères d'hyperactivité / impulsivité

L'enfant doit présenter au moins six critères parmi les neuf suivants pendant plus de six mois consécutifs et à un degré assez important pour gêner son développement.

- **Les critères de l'hyperactivité**
- remue souvent les mains ou les pieds, ou bien se tortille sur son siège ;
- se lève souvent en classe ou dans d'autres situations où il est supposé rester assis ;
- souvent, cours ou grimpe partout, dans des situations où cela est inapproprié (par la suite, chez les adolescents ou les adultes, ce symptôme peut se limiter à un sentiment subjectif d'impatience motrice) ;
- a souvent du mal à se tenir tranquille dans les jeux ou les activités de loisir ;
- est souvent « sur la brèche » ou agit comme s'il était « monté sur ressort » ;
- parle souvent trop.

- **Les critères de l'impulsivité**
- laisse souvent échapper la réponse à une question qui n'est pas encore entièrement posée ;
- a souvent du mal à attendre son tour ;
- interrompt souvent les autres ou impose sa présence (exemple : fait irruption dans les conversations ou dans les jeux).

Source : le DSM IV (le manuel international de diagnostic et de statistiques des troubles mentaux)

Les enfants turbulents sont-ils tous hyperactifs ?

Hyperactivité, turbulence, agitation, instabilité, TDAH *(trouble du déficit de l'attention avec hyperactivité)* sont des termes souvent employés pour désigner des enfants présentant une activité motrice exagérée. Pourtant ils ne sont pas synonymes et seul le TDAH est reconnu comme une véritable maladie.

Un problème de vocabulaire

En France nous employons indifféremment hyperactivité et TDAH, mais c'est un abus de langage source de bien des confusions. Dire d'un enfant qu'il est hyperactif sous-entendrait qu'il est atteint de TDAH ce qui ne correspond pas toujours à la réalité. L'hyperactivité est un terme trop vague pour désigner ces enfants. Il se réfère davantage à un type de comportement alors que l'expression TDAH renvoie à une maladie ayant une origine neurologique probable *(lire page 14)*. Par souci de commodité par rapport aux études françaises sur le TDAH et pour éviter les répétitions les termes « hyperactivité » et « hyperactifs » seront employés dans ce livre pour désigner le TDAH et les personnes qui en souffrent. L'expression « enfant TDAH » sera également utilisée dans ce même but.

Turbulence ou TDAH ?

Il n'est pas toujours facile de faire la différence entre le TDAH et une « simple » turbulence. Entre le normal et le pathologique la frontière est parfois ténue et dépend de la tolérance de l'environnement : milieu familial, scolaire, etc. Les premières questions à vous poser, si votre enfant est très turbulent, sont : a-t-il des problèmes d'attention, est-il fréquemment étourdi, manque t-il de concentration à l'école, a-t-il des problèmes d'apprentissage en raison de son étourderie ? Si vous répondez oui à toutes ces questions, et que cela dure depuis plusieurs mois, alors il est probable qu'il souffre du TDAH. En effet, dans le TDAH l'agitation motrice est généralement associée à des troubles de l'attention. Dans certains cas, il n'y a pas d'agitation psychomotrice mais seulement un déficit d'attention. Dans tous les cas, pour établir le diagnostic, un avis médical est nécessaire.

Le TDAH, un diagnostic précis

Derrière le mot « hyperactivité » se cache un trouble particulier, le TDAH, dont le diagnostic nécessite des critères précis. Tout enfant turbulent n'a pas un TDAH, heureusement. Diagnostiquer un TDAH chez un enfant est une affaire de spécialiste. Il faut tout d'abord éliminer toutes les autres causes possibles d'hyperactivité (*lire encadré*). En effet, le TDAH n'est pas la seule cause d'agitation psychomotrice chez les enfants. Certaines agitations sont simplement d'origine éducative. Ce sont des enfants turbulents, mal élevés, souvent agressifs ou impulsifs, coléreux parce qu'ils manquent de limites à cause d'une autorité parentale insuffisante. L'instabilité psychomotrice peut être également secondaire à des difficultés psychologiques. Elle rend compte alors d'une souffrance de l'enfant ou d'un de ses parents qu'il faut savoir rechercher. Il s'agit le plus souvent d'une dépression ou d'un conflit entre les parents. L'instabilité est alors généralement plus marquée à la maison et moins à l'école.

Les causes de l'hyperactivité chez l'enfant en dehors du TDAH

Ce sont des causes qui peuvent entraîner une agitation psychomotrice chez les enfants
- Les causes physiques :
- Certaines maladies neurologiques : séquelles de lésions cérébrales, de tumeurs cérébrales, de traumatisme crânien, maladie de l'X fragile, maladie de West, certaines formes d'épilepsie
- L'hyperthyroïdie.
- Réaction à certains médicaments : théophylline (anti-asthmatique), barbituriques, corticoïdes, certains traitements anti-épileptiques.
- Trouble de la vision ou trouble auditif non dépisté.
- Retard mental.
- Les causes psychologiques :
- Troubles psychotiques, troubles autistiques
- Troubles bipolaires précoces *(lire encadré pages 22 -23)*.
- Milieu familial perturbé, carences éducatives
- Enfants victimes de sévices (maltraitance, sévices sexuels).

Le TDAH, qu'est-ce que c'est ?

Le trouble du déficit de l'attention avec hyperactivité ou TDAH est une affection neurocomportementale regroupant trois grands types de symptômes présents à des degrés variables : le trouble de l'attention, l'hyperactivité, l'impulsivité.

À la recherche du TDAH

Pour savoir si votre enfant est atteint de TDAH il vous faudra consulter un médecin spécialiste, un pédopsychiatre ou un neuropédiatre. Cette visite se déroule en général en trois temps :
• Le médecin procède à un **interrogatoire approfondi** sur l'histoire de la vie de l'enfant depuis sa naissance (a-t-il eu des maladies particulières, des opérations chirurgicales, comment était-il quand il était bébé ?), sur sa scolarité (il est utile d'amener le dossier scolaire de l'enfant) mais aussi sur toute la famille (y a-t-il d'autres hyperactifs dans la famille ? Comment était le père, l'oncle au même âge ? Y a-t-il des maladies particulières dans la famille ?).
• Il fait ensuite un **examen clinique complet** de l'enfant, notamment à la recherche de petits signes neurologiques qui sont parfois présents dans le TDAH.
• Puis il prescrit des **examens complémentaires** qui aideront à faire le diagnostic : examens psychologiques, bilan orthophonique, bilan psychomoteur, etc.

Les différents sous-types de TDAH
• **Type mixte** : quand sont présents à la fois, et avec la même intensité, les signes d'hyperactivité/impulsivité et les signes d'inattention.
• **Type inattention prédominante** : quand prévalent les problèmes d'attention et les troubles des apprentissages.
• **Type hyperactivité-impulsivité prédominante** : quand prédominent l'hyperactivité, l'impulsivité et souvent les troubles de conduite.

Le diagnostic ne sera porté qu'après la réalisation de tous ces examens afin d'être le plus certain possible du diagnostic.

Des critères diagnostiques internationaux

Ils ont été définis par des experts internationaux dans le DSM IV, le manuel international de diagnostic et de statistiques des troubles mentaux. Poser le diagnostic de TDAH nécessite :
- La présence d'un certain nombre de symptômes d'hyperactivité motrice et d'impulsivité (*lire encadré pages 10-11*) ainsi qu'un problème d'inattention (*lire encadré pages 16-17*) présents depuis au moins six mois.
- Ces symptômes doivent entraîner une altération significative de la vie de l'enfant à l'école, à la maison, en société.
- Ils ne doivent pas être dus à une autre maladie organique ou psychologique.

Utiliser ce type d'évaluation peut éviter certaines erreurs de diagnostic mais il n'existe aucun signe de certitude ni de test biologique permettant d'être sûr à 100 % du diagnostic.

Tous les enfants sont différents

Les symptômes varient beaucoup d'un enfant à l'autre et, chez un même enfant, d'un moment à un autre, selon le lieu et les circonstances. Tel enfant aura par exemple une agitation motrice importante alors qu'un autre aura surtout un déficit de l'attention. Untel sera agité en permanence alors qu'un autre ne le sera que par période. De plus, chez certains enfants, on trouve également d'autres troubles associés appelés « troubles comorbides » : anxiété, tics, troubles de l'humeur, etc.

Le TDAH en chiffres

- 3 à 5 % des enfants souffrent d'hyperactivité.
- 5 garçons sont atteints du TDAH pour 1 seule fille.
- L'hyperactivité est un des premiers motifs de consultation en pédopsychiatrie.
- L'hyperactivité apparaît en général entre trois et quatre ans.
- Elle est diagnostiquée en général vers six-sept ans, quand les enfants entrent à l'école primaire.
- 30 à 50 % des enfants hyperactifs vont rencontrer des difficultés scolaires.
- 20 à 30 % des enfants hyperactifs non traités rencontreront des problèmes avec la justice à l'adolescence.

Le trouble de l'attention, un symptôme du TDAH

Pour la plupart d'entre nous, être attentif va de soi. Pourtant, il existe des enfants pour lesquels se concentrer est difficile voire impossible. On parle alors de trouble de l'attention.

Être attentif, pas si simple !

Être attentif implique d'être capable d'«oublier» tout ce qui se passe autour de soi pour se concentrer sur ce qu'on est en train de faire. En classe, par exemple, il s'agit de se concentrer sur sa copie en faisant fi de ses voisins, de ce qui se passe dans la cour, de l'instituteur qui écrit au tableau ou encore des pensées qui viennent nous assaillir.

Cette capacité de se concentrer dépend de nombreux facteurs. On sait notamment que le niveau d'attention varie naturellement au cours de la journée : il est plus important le matin que l'après-midi. Les rythmes scolaires dans les petites classes sont d'ailleurs adaptés à cette observation.

Comment se manifeste l'inattention chez l'enfant TDAH ?

- L'enfant est connu pour être rêveur, dans la lune, dans les nuages, surtout à l'école, mais pas seulement.
- Il est facilement distrait par ce qui se passe autour de lui.
- Il ne semble pas entendre quand on l'appelle ou quand on lui parle.
- Il oublie fréquemment ses affaires.

Tous les enfants inattentifs ne sont pas hyperactifs

Un déficit de l'attention n'est pas obligatoirement synonyme de TDAH. Il y a des enfants qui sont plus rêveurs que d'autres sans que ce soit le signe d'une maladie. Nous avons tous expérimenté, une fois dans notre vie, le fait d'être ailleurs, de ne pouvoir se concentrer et nous ne souffrons pas tous pour autant d'une hyperactivité. Certaines maladies psychologiques peuvent aussi entraîner un trouble de l'attention chez les enfants. C'est le cas par exemple de la dépression (qui peut être difficile à repérer chez les enfants) ou encore de l'anxiété.

Le déficit de l'attention dans le TDAH

Souvent moins visibles que l'agitation, les troubles de l'attention sont pourtant tout aussi pénalisants pour l'enfant souffrant du TDAH. Il a du mal à suivre en classe et à respecter les consignes, un rien le perturbe, il n'arrive pas à se concentrer plus de dix minutes devant son livre. De plus il ne peut rester en place, se lève de sa chaise sans arrêt malgré les menaces de punition. Ce comportement est plus fort que lui : malgré toute sa volonté, il ne peut faire autrement. Des critères précis ont été définis afin de pouvoir établir le diagnostic de déficit de l'attention (*lire encadré*).

Les critères officiels d'inattention

L'enfant doit présenter au moins six critères parmi les neuf suivants (à un degré gênant son développement), certains de ces symptômes étant apparus avant l'âge de sept ans :

- A du mal à faire attention aux points de détail ou fait des fautes d'étourderie dans les devoirs scolaires, au travail ou au cours d'autres activités.
- A souvent du mal à maintenir son attention au cours de tâches de travail ou dans les jeux.
- Semble souvent ne pas écouter quand on lui parle personnellement.
- Souvent, ne se conforme pas aux consignes et ne parvient pas à mener à terme ses activités sans que cela soit dû à un comportement d'opposition ni à une incapacité à comprendre les consignes.
- A du mal à organiser tâches et activités.
- Évite le plus souvent de s'engager dans des activités impliquant concentration et attention soutenue (comme les devoirs ou les tâches domestiques).
- Perd souvent des affaires de classe ou des jouets.
- Est souvent distrait par des stimuli extérieurs qui viennent parasiter son attention.
- Est souvent distrait ou négligent dans les activités quotidiennes.

Les troubles des apprentissages

Les différents troubles de l'apprentissage

Selon les difficultés que rencontre l'enfant, on parle de :
- **Dyslexie :** difficultés dans l'apprentissage de la lecture (20 % des enfants hyperactifs sont dyslexiques contre 5 % dans la population générale).
- **Dysphasie :** problèmes d'apprentissage du langage.
- **Dyspraxie :** lorsque les difficultés touchent les gestes, la motricité.
- **Dyscalculie :** difficultés dans l'apprentissage du calcul ; 20 % des enfants hyperactifs présentent une dyscalculie contre 5 à 8 % dans la population générale.
- **Dysorthographie :** difficultés dans l'apprentissage de l'orthographe.

Malgré une intelligence normale, voire supérieure à la moyenne, environ 50 % des enfants hyperactifs présentent ou présenteront des difficultés d'apprentissage au cours de leur scolarité, contre seulement 5 % des enfants dans la population scolaire.

Les soucis des enfants hyperactifs commencent en général au CP, avec l'apprentissage de la lecture. Repérer au plus tôt les difficultés de l'enfant est primordial afin de mettre en place une aide efficace et limiter les retards qui ne feront que s'accentuer au fils des mois et des années.

Repérer les troubles d'apprentissage de la lecture

Les enfants TDAH ont une façon particulière de lire qu'il est aisé de détecter en y faisant attention. Ils lisent très lentement, avec effort. Ils retiennent difficilement ce qu'ils viennent de lire et souvent n'en comprennent pas le sens. En effet, toute leur attention est mobilisée par le déchiffrage du texte et ils ne peuvent à la fois se concentrer sur la lecture et sur le sens du texte. Lors des dictées, ils oublient fréquemment des lettres ou des mots du fait de leur problème d'attention. Leur écriture

L'HYPERACTIVITÉ, UNE MALADIE RECONNUE

est également particulière, irrégulière ; la présentation est peu soignée, avec des ratures, des gribouillages. Là encore, il ne s'agit pas de mauvaise volonté de la part de l'enfant mais d'une **incapacité à se concentrer sur deux tâches à la fois.**

L'échec scolaire, une fatalité ?

Toutes les études le montrent, les enfants TDAH ont un risque beaucoup plus élevé d'échec scolaire que les autres enfants du même âge. Environ 20 % d'entres eux ont redoublé au moins une classe. Cela tient d'une part à leurs difficultés d'apprentissage spécifiques, mais aussi à l'**inadaptation du milieu scolaire.** En effet, les enseignants ne sont pas formés pour s'occuper des enfants hyperactifs, ils ne connaissent pas cette maladie et ne voient souvent dans l'enfant hyperactif qu'un perturbateur qui fait preuve de mauvaise volonté. Néanmoins ce sont aussi eux qui signalent les premiers les difficultés que présente l'enfant et qui sont à l'origine des demandes de consultation chez les spécialistes. Si votre enfant est hyperactif, rencontrez régulièrement son instituteur, informez-le sur le TDAH, demandez-lui de mettre en place une pédagogie et une attitude adaptée au trouble de votre enfant. Il est très important que votre enfant ne se sente pas rejeté à cause de ses difficultés mais au contraire compris et aidé.

Les enfants hyperactifs sont-ils moins intelligents que les autres ?

Non. Toutes les études le montrent, les enfants TDAH ont une intelligence normale voire au-dessus de la moyenne. Ils sont particulièrement vifs, curieux et leurs résultats scolaires sont souvent en contradiction avec leurs capacités réelles. Pour autant ce ne sont pas des enfants précoces qui représentent 5 % de la population générale. Évaluer le quotient intellectuel devrait être systématique devant une suspicion de TDAH, ne serait-ce que pour éliminer un retard mental qui peut, à lui seul, entraîner une agitation psychomotrice.

La dyslexie, un trouble plus fréquent chez les hyperactifs

20 % des enfants hyperactifs souffrent d'un trouble du langage, alors qu'ils ne sont que 5 à 10 % dans la population scolaire du même âge. La dyslexie est le plus connu de ces troubles du langage.

Un dysfonctionnement du cerveau

C'est le plus souvent à l'entrée au CP que l'on découvre qu'un enfant est dyslexique. Ce trouble particulier du langage d'origine neurocognitif est lié à un dysfonctionnement dans les processus cérébraux de traitement des informations. La dyslexie entraîne une véritable incapacité à acquérir les techniques de langage qui permettent à l'enfant d'apprendre à lire et à écrire et cela malgré une intelligence normale. Ce trouble spécifique de l'apprentissage de la lecture est fréquemment associé à l'hyperactivité.

Reconnaître la dyslexie

Si lors de ses lectures votre enfant :
- Confond certaines lettres proches phonétiquement : le m et le n, le p avec le b ou le d, le a et le an, le u et le ou…
- Remplace certaines consonnes par d'autres.
- Inverse l'ordre des lettres, des syllabes ou omet certains sons. Par exemple, il dit « no » pour « on », « bar » pour « bras »…

Et si, en revanche, il se débrouille plutôt bien en calcul ou dans les autres matières, il a de fortes chances de rencontrer une difficulté spécifique dans l'acquisition du langage écrit et donc de présenter une dyslexie. Le diagnostic est confirmé par un bilan orthophonique. Ce bilan est aussi l'occasion d'éliminer certaines pathologies qui peuvent entraîner des difficultés d'apprentissage différentes de la dyslexie *(lire encadré)*.

La dysorthographie, un trouble fréquemment associé

Trouble de l'acquisition de l'écriture, la dysorthographie est également fréquente chez les hyperactifs et doit faire l'objet d'une prise en charge spécifique chez un orthophoniste. L'enfant confond, à l'écrit comme à l'oral, les sons et les syllabes. Il inverse les syllabes. Il a du mal à apprendre du vocabulaire nouveau et fait fi de toutes les règles de grammaire. Il ne sait pas s'organiser dans le temps, n'arrive pas à repérer l'organisation de la phrase ni reconnaître les différentes fonctions des mots dans la phrase.

Comment aider les hyperactifs dyslexiques ?

Les difficultés d'apprentissage liées à la dyslexie sont accentuées par le déficit de l'attention et l'hyperactivité motrice. Non seulement l'enfant confond les sons et les lettres, mais il a en plus du mal à se concentrer sur la lecture, se disperse, se perd dans le texte, manque de confiance. Il n'arrive pas à organiser son travail de manière cohérente (c'est ce qu'on appelle les troubles spatio-temporels). Voici quelques conseils pour l'aider à apprendre plus facilement :
• Le valoriser en cas de réussite pour améliorer la confiance et l'estime de lui-même.
• Séparer les devoirs en plusieurs étapes courtes afin de mobiliser au mieux ses capacités d'attention.
• Mettre au point une méthode de travail qui privilégie la routine, c'est-à-dire le faire travailler toujours de la même façon afin de mettre l'accent sur le fond et non sur la forme.

Ce qu'il faut éliminer avant de parler de dyslexie

- Un déficit auditif dans lequel le langage, surtout oral, est perturbé avec confusion de sons.
- Un déficit visuel.
- Un simple trouble de l'élocution.
- Un déficit intellectuel.
- Un désintérêt global des apprentissages d'origine affective.

Quelques dyslexiques célèbres

La dyslexie n'empêche pas les apprentissages et ne conduit pas forcément à l'échec. Voici pour vous en convaincre quelques personnages célèbres dyslexiques supposés : Albert Einstein, Hans Christian Andersen, Sir Winston Churchill, Walt Disney, Léonard de Vinci, Nelson Rockefeller.

Les troubles de l'humeur dans le TDAH

Le trouble bipolaire : un diagnostic à éliminer

Le trouble bipolaire, anciennement dénommé psychose maniaco-dépressive, peut apparaître dès l'enfance. C'est un trouble de l'humeur qui associe des périodes d'excitation, d'agitation et des périodes de dépression. Chez les enfants cette maladie se manifeste par des symptômes d'inattention, d'impulsivité, d'hyperactivité, d'irritabilité et d'agressivité. Les symptômes sont donc très proches de ceux du TDAH et du trouble oppositionnel ; il est parfois très difficile de faire la différence. C'est souvent les antécédents familiaux de troubles bipolaires qui permettent d'orienter le diagnostic. Faire la différence est capital car le traitement n'est pas du tout le même pour ces deux troubles.

Parmi les enfants TDAH, 20 % vont présenter au moins une dépression au cours de leur enfance alors qu'elle n'atteint que 1 % des enfants de la population générale.

Des enfants sensibles

La plupart des enfants TDAH souffrent de leur maladie. Ils sont particulièrement sensibles à leur environnement, aux récompenses, à leurs échecs. Certains traits de caractères fréquents dans le TDAH font qu'ils seront plus enclins aux troubles de l'humeur :
- L'hyperémotivité et l'irritabilité.
- La labilité émotionnelle, c'est-à-dire la tendance à passer du rire aux larmes et de la colère au calme de manière très rapide.
- La difficulté à contrôler les émotions, l'impulsivité, la tendance à répondre de manière immédiate au moindre stimulus sans réfléchir aux conséquences possibles de ses actes.
- L'intolérance aux frustrations.

Toutes ces difficultés rendent la vie des enfants hyperactifs particulièrement difficile. Ils sont souvent rejetés par les autres enfants. À l'école les enseignants ne comprennent pas toujours que ces comportements sont le fait d'une maladie. On dit d'eux qu'ils sont de mauvaise volonté, perturbateurs ; on les félicite rarement, ils accumulent les punitions. Tout ceci aggrave le manque de confiance et les troubles du comportement et peut mener à une véritable dépression.

Les signes de la dépression

Différents de ceux des adultes, les symptômes de dépression chez l'enfant sont difficiles à détecter. En effet, un enfant peut être déprimé sans le savoir parce qu'il ne se sent pas forcément triste mais « seulement » incompris, seul.
Certains signes devraient alerter tout parent attentif à son enfant :
- L'enfant n'apprécie plus ses activités préférées.
- Il passe beaucoup de temps seul, isolé.
- Il est plus irritable.
- Il se plaint de différents petits maux (au ventre, à la tête, etc.).
- Ses résultats scolaires sont moins bons.
- Il a moins d'énergie (ce qui peut être difficile à voir chez un hyperactif).
- Il s'ennuie.

Si votre enfant présente la plupart de ces symptômes, il est peut-être déprimé. Pour confirmer le diagnostic, consultez un médecin spécialisé, pédopsychiatre ou psychologue. Il l'aidera en mettant en place une psychothérapie ou, dans les cas les plus graves, un traitement médicamenteux adapté.

Quand l'hyperactivité s'associe à l'opposition

Près de 20 à 50 % des hyperactifs souffrent de trouble oppositionnel associé. Selon le DSM IV ce trouble se définit comme « un ensemble de comportements négativistes, hostiles ou provocateurs persistant pendant au moins six mois et qui entraînent une altération du fonctionnement social ou scolaire ». Et cet ensemble de comportement « n'est pas dû à un autre trouble, par exemple une dépression. »

Quatre des symptômes suivants au moins doivent être présents chez l'enfant pour faire le diagnostic :
- Se met souvent en colère.
- Conteste ce que disent les adultes.
- S'oppose aux règles et aux demandes des adultes.
- Embête les autres de façon délibérée.
- Fait porter à autrui la responsabilité de ses erreurs ou de sa mauvaise conduite.
- Est souvent susceptible ou agacé.
- Est souvent fâché ou plein de ressentiment.
- Se montre méchant ou vindicatif.

Le syndrome de Gilles de la Tourette en question

Décrit pour la première fois en 1855 par le Dr Gilles de la Tourette, le syndrome de Gilles de la Tourette (SGT) est retrouvé à des degrés variables chez près de 50 % des enfants hyperactifs, alors qu'il ne toucherait que 5 enfants sur 10 000 dans la population générale.

Le SGT, qu'est-ce que c'est ?

C'est la maladie des tics. Plus sérieusement, il est défini par le DSM IV comme la présence simultanée de **tics moteurs multiples** et d'au moins **un tic sonore**. Ce trouble qui touche surtout les garçons a probablement une origine neurologique. Le signe le plus spectaculaire, l'émission involontaire d'obscénités, n'est présent que dans 10 % des cas et n'est donc pas nécessaire pour faire le diagnostic. Les tics sont des mouvements moteurs involontaires se répétant de manière rapide et soudaine. Ils surviennent plusieurs fois par jour, plusieurs jours par semaine et doivent être présents depuis plus de six mois pour faire le diagnostic de SGT. Les tics peuvent être accentués par le stress ou l'anxiété.

André Malraux, un SGT célèbre

Connu pour être affublé de tics verbaux et de grimaces, André Malraux n'en a pas moins été un grand écrivain et un homme d'action ; et il n'est pas le seul. D'autres hommes célèbres auraient eu un SGT : Mozart, Charles de Gaulle, Émile Zola, Charles Dickens ou Franz Kafka.

Le SGT, un trouble rarement isolé

La plupart des personnes souffrant de tics présentent dans le même temps d'autres symptômes :
• Troubles de l'attention et hyperactivité qui précèdent l'apparition du SGT.
• Troubles des apprentissages comme dyscalculie et dyslexie.
• Troubles obsessionnels compulsifs (TOC).
• Troubles du sommeil avec réveils nocturnes fréquents voire somnambulisme.

Le SGT, d'où ça vient ?

L'origine exacte du SGT n'est pas encore connue mais les hypothèses penchent en faveur d'une **origine neurologique**. Des recherches récentes ont mis en évidence le rôle de certains neurotransmetteurs cérébraux et notamment de la dopamine. Certaines études ont montré qu'il existe une **prédisposition génétique** au SGT. Ainsi, un parent atteint du SGT aurait 50 % de risque de transmettre sa maladie à son enfant. Le ou les gènes responsables du SGT ne sont pas encore connus mais les recherches sont en cours.

Le SGT, comment ça se soigne ?

On ne guérit pas du SGT mais dans les cas invalidants on peut diminuer l'intensité des tics grâce à certains traitements médicamenteux. On utilise surtout les neuroleptiques comme l'halopéridol (Haldol®), le pimozide (Orap®) ou certains antidépresseurs (Clorimipramine®, Anafranil®). Ces traitements marchent dans 80 % des cas. Chez les hyperactifs il faut faire attention car la Ritaline® utilisée pour diminuer l'agitation motrice et augmenter l'attention peut favoriser l'apparition des tics.

Des tas de tics

Différents types de tics peuvent être retrouvés dans le SGT :

• **Les tics moteurs**
Ils peuvent être simples (cligner des yeux, contracter les abdominaux, se racler la gorge, faire des mouvements de bras, tourner la tête) ou complexes quand ils mobilisent plusieurs groupes de muscles. Ce sont des comportements involontaires stéréotypés se reproduisant de façon répétée : faire diverses grimaces, toucher, s'accroupir, faire de grandes génuflexions, revenir sur ses propres pas, tourner sur soi-même en marchant, s'automutiler, etc.

• **Les tics vocaux ou sonores**
C'est l'émission involontaire de mots ou de sons : claquement de langue, gloussement, grognement, aboiement, reniflement, toussotement. La coprolalie est un tic vocal complexe et surprenant qui consiste à dire des obscénités.

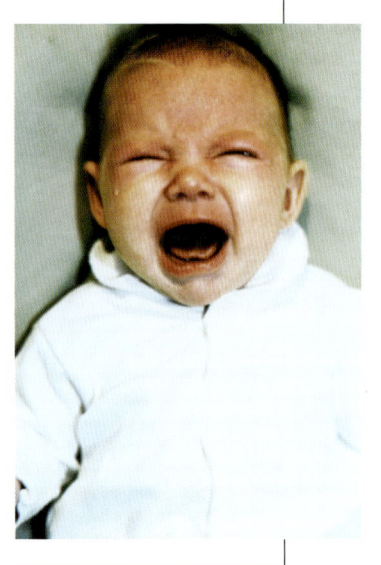

L'ÉVOLUTION DU TDAH

L'hyperactivité chez les tout petits

Le TDAH apparaît le plus souvent avant cinq ans. Pourtant, dans la plupart des cas, le diagnostic ne sera posé que vers six ou sept ans, lors de l'entrée à l'école primaire.

Pourquoi faire le diagnostic le plus tôt possible ?

Parce que le cerveau d'un enfant continue à se former durant les premières années de vie et qu'il est plus facile à cet âge de modifier les comportements gênants. Après six ans, ce sera beaucoup plus difficile. De plus, les méthodes de rééducation comportementale sont d'autant plus efficaces qu'elles sont commencées jeunes.

Un diagnostic difficile avant cinq ans

L'agitation motrice et l'inattention sont fréquentes chez les petits enfants. Elles font partie intégrante du développement psychomoteur normal et ne sont pas nécessairement pathologiques. Cependant, certains symptômes précurseurs d'un véritable TDAH peuvent être présents dès cet âge. Toutefois, chez le petit enfant, le diagnostic est toujours difficile et la grande variation dans les symptômes impose la prudence. Il n'y a que l'évolution et la persistance des symptômes après sept ans qui permettra d'être certain à 100 % du diagnostic.

L'hyperactivité se précise après deux ans

L'agitation psychomotrice s'accentue avec l'âge et va aider à faire le diagnostic. Certains signes peuvent mettre la puce à l'oreille : l'enfant a du mal à rester en place sur sa chaise haute, il tente d'en descendre ou d'y monter par ses propres moyens, en tombe souvent. En voiture c'est pareil : il a du mal à rester en place dans

L'ÉVOLUTION DU TDAH

son siège auto, il cherche à ouvrir porte ou fenêtre à sa portée, dort rarement pendant les trajets.

D'autres signes comportementaux sont fréquemment associés à cette agitation motrice : les jeunes enfants hyperactifs font fréquemment des colères et se calment difficilement, sont intolérants à la frustration et présentent une labilité de l'humeur (changement rapide et sans réelle raison de l'humeur). Toutes ces particularités dans le comportement d'un enfant par ailleurs turbulent peuvent être des signes annonciateurs d'un TDAH.

Les bébés peuvent-ils être hyperactifs ?

Oui, il existe des bébés véritablement hyperactifs, même si à cet âge on ne pose jamais le diagnostic de TDAH. C'est le plus souvent quand l'enfant est plus grand que les parents se rendent compte que le bébé présentait déjà certains signes de TDAH. Les signes les plus souvent retrouvés sont les problèmes de sommeil : le bébé s'endort difficilement et se réveille facilement, souvent en hurlant. Il se réveille plusieurs fois par nuit, bouge beaucoup pendant son sommeil, fait peu la sieste, hurle souvent quand on le pose dans son lit. Il passe de façon imprévisible et sans raison du hurlement au calme. Il sourit peu, regarde rarement sa mère. Dans les bras de sa mère il se tortille, touche à tout. Il rampe partout dès qu'il en a les possibilités physiques. Ce sont aussi des bébés qui demandent beaucoup d'attention, qui ont besoin d'être occupés en permanence, qui sont stimulés par le bruit et la lumière. Toutefois tous ces signes ne sont pas spécifiques au TDAH, c'est-à-dire qu'ils peuvent aussi bien être présents chez des enfants qui iront parfaitement bien plus tard, ou au contraire être le signe de maladies plus graves, comme l'autisme.

La Ritaline® avant six ans ?

Le méthylphénidate ou Ritaline® est prescrit chez les enfants atteints de TDAH après six ans. Avant cet âge on ne devrait pas utiliser la Ritaline®. Elle est en effet moins efficace et présente davantage d'effets secondaires. Il existe d'autres psychostimulants (dexédrine par exemple) qui peuvent être donnés de façon exceptionnelle aux enfants à partir de trois ans. Avant six ans, on prescrit en priorité les traitements non médicamenteux : psychothérapie, orthophonie, psychomotricité, conseils éducatifs, etc.

Les adolescents hyperactifs

Le TDAH n'est pas seulement un trouble de l'enfance. En effet, 50 à 80 % des enfants restent hyperactifs à l'adolescence ou évoluent vers d'autres troubles.

Plus inattentifs qu'hyperactifs

Le TDAH ne disparaît pas à l'adolescence mais il change souvent de forme. Les troubles de l'attention passent en général au premier plan tandis que l'agitation motrice diminue. D'où une scolarité difficile et des échecs fréquents. Ces **difficultés scolaires** sont accentuées par l'impulsivité et les problèmes de discipline responsables de difficultés relationnelles avec les parents ou les enseignants.

Des ados en recherche de sensations fortes

L'agitation motrice est souvent remplacée par une incapacité à rester en place ce qui pousse l'adolescent à multiplier les activités et parfois à rechercher des **comportements à risque**. C'est aussi le propre de l'adolescent que de rechercher les sensations fortes, le plaisir immédiat. Chez l'adolescent hyperactif ces conduites sont plus fréquentes que chez les autres ados. Et ce d'autant plus qu'il existe d'autres troubles associés au TDAH.

Scolarité et TDAH : des chiffres alarmants

- 3 fois plus de redoublements chez les hyperactifs par rapports aux ados du même âge.
- 8 fois plus d'exclusions temporaires ou définitives de l'école.
- 65 % seulement des ados TDAH vont régulièrement à l'école.
- 25 % sont dans des classes ou des établissements spécialisés.
- 22 % seulement feront des études supérieures contre 77 % de la population du même âge.

L'ÉVOLUTION DU TDAH

Des troubles associés au premier plan

La moitié environ des ados TDAH présentent un trouble de la conduite contre 2 % des ados de la population générale. Impulsivité, agressivité, intolérance à la frustration, passages à l'acte agressif, conduites à risque sans conscience du danger et immaturité en sont les principaux symptômes. Les chiffres des études sont éloquents :
- 30 % consomment régulièrement de l'alcool.
- 5 à 30 % se droguent.
- 50 % fument des cigarettes tous les jours contre 24 % chez les non hyperactifs.
- Ils ont quatre fois plus d'accidents de voiture ou de deux roues.

Mais cette évolution vers un **trouble de la conduite** à l'adolescence est surtout fréquente lorsque l'hyperactivité était associée à un trouble oppositionnel durant l'enfance.

Une évolution très variable

Beaucoup d'études ont été réalisées aux États-Unis sur l'évolution des enfants hyperactifs. Elles ont mis en évidence de nombreuses évolutions possibles :
- Vers un trouble de la conduite, de loin l'évolution la plus fréquente.
- Vers un trouble bipolaire ou vers une dépression, notamment quand il y a eu un épisode dépressif durant l'enfance.
- Vers un trouble anxieux dans 10 à 40 % des cas selon les études.
- Vers une phobie sociale dans environ un quart des cas.
- Vers un trouble de la personnalité type immature-dépendante ou impulsive.
- Vers la schizophrénie, très rarement.

Les adolescentes hyperactives

Les manifestations du TDAH chez les filles ne sont pas tout à fait les mêmes que chez les garçons et cela se retrouve à l'adolescence. Par rapport aux autres adolescentes les filles TDAH débutent leur vie sexuelle plus tôt et présentent un taux de grossesse précoce plus important (38 % contre 4 % selon certaines études américaines). Elles consomment plus de tabac ou d'alcool que les autres filles du même âge ce qui peut avoir des conséquences néfastes sur le bébé en cas de grossesse.

L'hyperactivité touche aussi les adultes

Sur dix enfants hyperactifs, trois à sept le resteront à l'âge adulte mais avec des symptômes différents. En effet, le TDAH n'est pas un trouble qui apparaît à l'âge adulte.

Un trouble sous-estimé

Les études portant sur le TDAH chez l'adulte sont rares et le premier article publié sur ce sujet ne date que de 1990. La reconnaissance du TDAH chez l'adulte dans le DSM IV n'apparaît qu'en 1997. C'est dire à quel point il est mal connu et passe inaperçu chez de nombreux sujets.

Le plus souvent, les adultes souffrant d'hyperactivité consultent pour d'autres signes associés au TDAH : troubles anxieux, dépression, trouble obsessionnel compulsif, fatigue chronique, mauvaise estime de soi, troubles du comportement, agressivité, dépendance à l'alcool ou à d'autres drogues. Ces troubles dits comorbides sont présents dans 75 % des cas et cachent les symptômes du TDAH. Le diagnostic d'hyperactivité n'est alors pas posé et les patients sont traités pour les troubles associés.

Un diagnostic difficile

Diagnostiquer le TDAH chez l'adulte n'est jamais une chose aisée. L'agitation motrice n'est jamais au premier plan et les troubles de l'attention passent souvent

---

Troubles confondus avec le TDAH chez l'adulte
- Anxiété.
- Dépression et trouble bipolaire.
- Fatigue chronique.
- Dépendance à l'alcool et toxicomanie.
- Trouble obsessionnel compulsif.
- Stress post-traumatique.

(liste non exhaustive)

L'ÉVOLUTION DU TDAH

inaperçus, le sujet ne s'en plaignant pas. De plus, certaines pathologies peuvent se confondre avec le TDAH (*lire encadré*) et, inversement, le TDAH peut revêtir l'aspect d'autres troubles (troubles anxieux, troubles bipolaires, troubles de la conduite). Selon les spécialistes, pour poser le diagnostic, deux critères sont obligatoires :
• Retrouver un antécédent d'hyperactivité dans l'enfance ou, si le diagnostic n'a jamais été fait, de comportements suggérant l'existence d'une hyperactivité
• Persistance à l'âge adulte de difficultés d'attention et d'agitation motrice associées à au moins deux des cinq signes suivants : labilité de l'humeur, intolérance au stress, désorganisation, impulsivité, tempérament coléreux.

Une prise en charge adaptée

Traiter le TDAH chez l'adulte c'est d'abord l'informer sur son trouble pour qu'il comprenne que ses difficultés ne sont pas liées à un manque de volonté mais à une incapacité. Le médecin établira ensuite avec son patient une liste de suggestions pour l'aider dans sa vie quotidienne à organiser son temps : modification du rythme de vie, utilisation d'un agenda ou de listes pour les tâches quotidiennes, pratique d'une activité physique régulière… Les troubles associés sont traités par des médicaments spécifiques s'ils retentissent trop sur la qualité de vie du patient. Quant à la Ritaline®, elle pourra être proposée en cas de troubles de l'attention, en sachant qu'il y a très peu d'études sur son efficacité et ses dangers à long terme.

Attention à l'autodiagnostic

Lorsqu'on entend parler du TDAH chez l'adulte pour la première fois, il peut être tentant de se découvrir un TDAH. Qui, en effet, n'a jamais eu de difficultés de concentration, d'anxiété, de difficultés pour s'organiser, de mauvaise estime de soi, de tendance à s'ennuyer, de fatigue chronique ? Mais le diagnostic ne repose pas sur les seuls symptômes visibles. Une évaluation médicale rigoureuse est nécessaire. Ce n'est pas parce que le TDAH est sous-diagnostiqué chez l'adulte que l'on doit systématiquement y faire référence en cas de difficultés psychologiques.

D'OÙ VIENT L'HYPERACTIVITÉ ?

Une maladie génétique ?

Il existe probablement une composante génétique dans l'apparition du TDAH. Plusieurs études l'ont confirmé, même si on ne connaît pas encore précisément les mécanismes de cette transmission.

Des familles d'hyperactifs

Toutes les études familiales ont montré que le TDAH survenait avec une fréquence plus importante dans les familles comportant une personne hyperactive. Une d'entre elles, publiée en 1992, a examiné 140 enfants souffrant de TDAH et 454 de leurs parents au premier degré (frères et sœurs, père et mère). Les auteurs ont remarqué que si un des parents est atteint par l'hyperactivité alors :

- Le risque d'être hyperactive pour une fille est 6,6 fois plus élevé que dans la population générale.
- Le risque d'hyperactivité pour un garçon est 1,5 fois plus élevé que dans le reste de la population.

Ce type d'étude montre qu'il existe une **composante familiale** dans l'hyperactivité. Elle peut être d'origine génétique, mais pas seulement. Pour vérifier cette hypothèse génétique, les chercheurs ont recours aux études sur les jumeaux.

Un cas particulier : les jumeaux

Les vrais jumeaux ont le même code génétique. Ceci signifie que dans le cas d'une maladie à transmission uniquement génétique, si l'un des jumeaux est atteint alors l'autre a 100 % de risque de l'être aussi. En ce qui concerne l'hyperactivité, les études sur les jumeaux ont montré que :

- Chez les vrais jumeaux, si l'un est atteint alors le risque pour l'autre de l'être aussi varie de 50 % à 90 % selon les études.
- Chez les faux jumeaux ce risque est de 30 % environ.

Ces résultats confirment qu'il y a certainement une part génétique dans la transmission du TDAH. En fait, il y aurait une **vulnérabilité génétique** à être hyperactif et cette hyperactivité se déclarerait ou pas en fonction de différents facteurs, notamment environnementaux. Certains scientifiques pensent aussi qu'il existerait plusieurs sous-types d'hyperactivité dont certains seraient d'origine génétique et d'autres pas. Les recherches se poursuivent donc pour découvrir ce qu'il en est précisément.

Des recherches en cours

Les études les plus récentes explorent la piste des marqueurs génétiques. Un marqueur est un gène particulier dont la présence dans le code génétique de l'individu n'est pas due au seul hasard mais est fortement associée à une maladie particulière. Cette présence témoigne d'une participation génétique dans la transmission de ladite maladie.

Chez les enfants hyperactifs, deux gènes ont pour l'instant été identifiés comme marqueurs : le gène DRD 4 et le gène DAT 1. Ce sont tous les deux des gènes impliqués dans la production et le transport dans le cerveau de la dopamine, cette molécule qui joue un rôle primordial dans l'hyperactivité *(lire pages 46-47)*.

Qu'est-ce qu'une maladie génétique ?

Les maladies génétiques sont imputables à un défaut de fonctionnement d'un ou de plusieurs gènes. Elles sont héréditaires, se transmettant de parents à enfants. Dans le TDAH, la transmission serait autosomique, c'est-à-dire qu'elle impliquerait des chromosomes non sexuels.

Le cas des enfants adoptés

Étudier la présence d'une maladie chez les enfants adoptés représente l'un des moyens à disposition des chercheurs de faire la part entre ce qui est dû à la génétique et ce qui est imputable à l'environnement dans lequel l'enfant est élevé. Dans l'hyperactivité, il a été mis en évidence qu'il existe plus fréquemment un membre hyperactif dans la famille biologique que dans la famille adoptive d'un enfant TDAH. Ceci confirme la part génétique dans la transmission du TDAH.

Les facteurs de risque

Outre les facteurs génétiques probables à l'origine de l'hyperactivité, il semble que certaines conduites ou certains événements de la vie du bébé contribuent à augmenter le risque du TDAH chez les enfants.

La grossesse, une période à haut risque

Le tabagisme maternel multiplie le risque d'avoir un enfant hyperactif par 2,1 tandis que la consommation d'alcool le multiplie par 2,5. Ce sont les résultats d'une étude menée aux États-Unis en 2002 et portant sur les habitudes de consommation des mères de 280 enfants hyperactifs et de 242 enfants du même âge ne présentant pas de TDAH. D'autres études ont confirmé depuis ces résultats. De façon plus générale, de nombreuses études ont mis en évidence le lien entre la consommation maternelle de tabac ou d'alcool pendant la grossesse et l'apparition de troubles mentaux. En revanche, aucune explication scientifique concernant cette relation n'a encore été trouvée. Alors un conseil : arrêtez de fumer pendant la grossesse et essayez de ne pas reprendre aussitôt votre bébé dans les bras !

Outre le tabac et l'alcool, d'autres événements se produisant pendant la grossesse entraîneraient une augmentation de la probabilité d'avoir un enfant TDAH, sans que l'on ait pu toutefois mettre en évidence un lien direct de cause à effet :

- Dépression maternelle.
- Diabète.
- Pré-éclampsie.
- Prise de toxiques ou de drogues.
- Exposition répétée à des toxiques : plomb, dioxines, pesticides, etc.
- Prématurité ou enfant ayant un petit poids de naissance.
- Souffrances fœtales lors de l'accouchement, complications pré ou postnatales, anoxie périnatale.

La responsabilité des parents en question

La question de l'éventuelle responsabilité des parents dans l'apparition du TDAH a suscité de nombreux débats chez les spécialistes. Certains pensent que l'hyperactivité est un symptôme que présente l'enfant en réponse à une attitude inadaptée des parents, par exemple une dépression de la mère dans la période suivant la naissance de l'enfant. Pour d'autres spécialistes, l'hyperactivité est une maladie neurologique qui n'a rien à voir avec le développement affectif. La vérité semble plus nuancée. Ce qui est sûr, c'est qu'une attitude parentale inadéquate peut aggraver une hyperactivité préexistante.

Un hyperactif dans la famille ?

Être l'enfant ou le neveu d'un homme anciennement hyperactif ou être dans une famille où il y a déjà un hyperactif, voilà le principal facteur de risque. Les études sur les familles ont ainsi montré qu'une famille ayant déjà un membre atteint a 4 à 5 fois plus de risque d'avoir un deuxième membre atteint par le TDAH. C'est d'ailleurs une des premières questions que devrait poser le médecin quand il rencontre un enfant turbulent avec sa famille.

Plus de risques pour les garçons ?

Dans toutes les études, le TDAH est plus fréquent chez les garçons. Les chiffres varient de neuf garçons atteints pour une fille, à quatre pour une. Selon certains médecins, cette prédominance masculine serait en fait due à un biais de procédure des études scientifiques. En effet, les garçons seraient plus diagnostiqués que les filles parce que leur hyperactivité est plus « dérangeante » et entraîne plus de difficultés à l'école en raison des troubles du comportement. Les filles, quant à elles, présenteraient moins d'agitation psychomotrice mais des troubles de l'attention plus importants. Les filles seraient donc plus atteintes que ce que les études laissent supposer.

L'alimentation a-t-elle un impact sur l'hyperactivité ?

De nombreuses études ont été réalisées dans les années 1970 sur l'alimentation et l'hyperactivité. Plusieurs aliments comme le sucre ou certains additifs avaient alors été mis en cause. Mais qu'en est-il exactement aujourd'hui ?

Le sucre, l'ennemi des hyperactifs ?

Le sucre a longtemps été incriminé dans l'hyperactivité. Deux hypothèses sont le plus souvent avancées :
- L'hyperactivité serait due à une allergie aux sucres raffinés.
- Ou bien elle serait due à une réaction hypoglycémique responsable de l'agitation psychomotrice et survenant après l'ingestion d'un aliment sucré.

Mais ces hypothèses ont été réfutées lors d'une étude publiée en 1995 dans un grand journal médical américain. Dans cette revue faisant la synthèse de seize études cliniques, les auteurs affirment que le sucre n'affecte pas le comportement ni les performances cognitives des enfants normaux ou hyperactifs.

Les enfants TDAH manquent-ils de fer ?

Oui, selon une étude française parue en 2004. Les chercheurs ont analysé le taux de ferritine (réserve de fer de l'organisme) chez 53 enfants atteints de TDAH et chez 27 enfants non atteints. Les résultats sont édifiants : 84 % des enfants malades ont un taux de ferritine inférieur à la normale contre seulement 18 % des autres enfants. De plus, les enfants ayant les symptômes de TDAH les plus marqués sont aussi ceux qui ont le taux de ferritine le plus bas. Le lien entre ce trouble et le manque de fer pourrait avoir un rapport avec la production de dopamine. En effet, le fer est un des éléments nécessaires pour la synthèse de ce neuromédiateur impliqué dans le TDAH. Reste à déterminer si une supplémentation en fer pourrait avoir des effets bénéfiques sur les enfants hyperactifs.

Un régime alimentaire pour les enfants hyperactifs

Dans les années 1970, un chercheur américain, le Dr Ben Feingold, a émis l'hypothèse que certains aliments (chocolat, fraise, cola, charcuterie) ou additifs alimentaires (arômes, conservateurs, colorants) pourraient favoriser l'apparition du TDAH chez les enfants.

Il s'agirait en réalité d'une sensibilisation chimique plus que d'une véritable allergie. Mais seulement 5 % des enfants TDAH présenteraient une telle sensibilité aux aliments. Un régime qui supprime tous les aliments incriminés diminuerait l'agitation motrice mais n'aurait pas d'effet sur les troubles de l'attention. En pratique, ce régime est difficilement réalisable et de fait rarement proposé dans le traitement du TDAH.

En revanche, il faut toujours s'assurer que les enfants TDAH ont une alimentation suffisamment riche et diversifiée. En effet, du fait de leur activité motrice importante, leurs besoins alimentaires sont supérieurs à ceux des autres enfants.

Statut en iode des mamans d'enfants hyperactifs

Dans une petite étude italienne portant sur 27 femmes et qui a duré dix ans, des chercheurs ont remarqué que les enfants dont la mère a souffert d'une carence en iode durant le premier trimestre de la grossesse sont plus susceptibles d'être atteints de TDAH que les autres. Pour réduire le risque de TDAH, le groupe de chercheurs recommande donc le dépistage systématique de l'hypothyroïdie (dysfonctionnement de la glande thyroïde dû à une carence en iode) chez les femmes en début de grossesse.

Le TDAH peut-il avoir une origine psychologique ?

La dimension neurologique du TDAH n'exclut pas l'existence de facteurs psychologiques qui peuvent expliquer le déclenchement ou l'aggravation de ce trouble.

Des facteurs psychologiques possibles

Certains facteurs psychologiques sont retrouvés avec une plus grande fréquence dans les familles d'enfants TDAH :
- Un trouble dépressif chez la mère.
- Des troubles anxieux chez l'un des deux parents, plus fréquemment chez les mères.
- Des conflits conjugaux.
- Un alcoolisme chez le père.

On ne sait pas cependant si ces facteurs participent à l'apparition de l'hyperactivité ou si le fait d'avoir un enfant hyperactif va entraîner une plus grande difficulté psychologique chez les parents. Toutefois, si l'environnement familial ne peut être tenu pour responsable du TDAH d'un enfant, il influence la manière dont l'enfant vivra son trouble.

Les théories psychologiques expliquant l'hyperactivité

Psychologues et psychanalystes ont proposé plusieurs explications psychologiques à l'hyperactivité.
- L'instabilité de l'enfant serait une défense inconsciente contre une angoisse de séparation d'avec la mère et viendrait masquer une dimension dépressive sous-jacente de l'enfant.
- L'instabilité serait un trouble psychosomatique, c'est-à-dire l'expression directe, dans le corps, de conflits intrapsychiques. Ceci serait lié à une difficulté particulière à gérer les pulsions agressives inconscientes entraînant une propension à l'action plutôt qu'à la pensée de l'action.
- L'instabilité serait vue comme une défense contre une angoisse archaïque, c'est-à-dire une angoisse venant de la toute première enfance et dont il n'est resté aucun souvenir conscient.

L'attitude de la famille : un facteur déterminant

L'enfant hyperactif est un enfant hypersensible, hyperémotif, qui a souvent une mauvaise estime de lui-même. Le rôle de sa famille est de le soutenir, de l'encourager, de le valoriser à chaque fois que cela est possible. Une mauvaise relation avec son enfant peut aggraver l'hyperactivité. S'il se sent incompris, rejeté, mis à l'écart à cause de ses difficultés, les troubles n'iront qu'en s'intensifiant. Cependant, avoir une bonne relation avec son enfant TDAH n'est jamais facile. Si vous vous sentez dépassés par la situation, il peut être utile d'avoir recours à une thérapie familiale. Tout le monde y gagnera.

Quand les problèmes éducatifs sont en cause

Dans certains cas, c'est l'environnement familial qui est responsable de l'apparition des troubles du comportement chez l'enfant. Cela peut se manifester par une agitation psychomotrice importante, une intolérance à la frustration, des crises de colères, autant de signes qui peuvent faire penser à un TDAH. Mais ici la turbulence de l'enfant n'est qu'un symptôme de sa relation avec ses parents et marque souvent un problème éducatif (manque de limites, de repères donnés à l'enfant). Pour faire la différence avec un vrai TDAH, l'avis d'un médecin spécialisé dans ce type de trouble est indispensable.

L'attitude de la mère a-t-elle une influence ?

Une étude portant sur le comportement de la mère vis-à-vis de son enfant à différents âges (6 mois, 2 ans et 6 ans) a permis de mettre en évidence certaines particularités relationnelles entre une mère et son enfant hyperactif :
- Une plus grande fréquence de l'intrusivité des soins maternels (interruptions fréquentes et interférences physiques dans les activités engagées par le bébé).
- Une certaine séductivité du comportement maternel (recherche de contacts physiques).
- Une sur-stimulation du bébé (jeux trop compliqués pour son âge, échanges verbaux trop fréquents).

Le cerveau de l'enfant hyperactif

Mieux connaître le fonctionnement du cerveau des enfants hyperactifs est désormais possible grâce au développement des nouvelles techniques d'imagerie cérébrale.

Un organe sensible à l'environnement

Il n'y a pas deux cerveaux qui se ressemblent comme il n'y a pas deux personnes qui se ressemblent. Chaque cerveau est unique, avec ses talents et ses faiblesses. Outre les facteurs génétiques, bien sûr, qui déterminent une large part de nos comportements, le développement du cerveau est soumis aussi aux facteurs environnementaux. Ainsi, à mesure qu'il se développe, de petites différences dans l'environnement (maternel notamment) causées par l'alimentation, les médicaments, les hormones, les drogues, la cigarette, l'état affectif, etc. vont provoquer de grandes différences dans le cerveau arrivé à maturité. Tous ces facteurs modifient la façon dont les neurones se forment et se connectent entre eux. Les conséquences sur le fonctionnement du cerveau

Un cerveau en plastique ?

La plasticité cérébrale est la capacité qu'a le cerveau de se modifier sous l'influence des expériences vécues. On naît avec un stock de cellules nerveuses et un nombre de connexions entre elles bien supérieurs à celui de l'adulte. En effet, tout au long de la vie, ces connexions interneuronales vont se spécialiser : certaines se renforçant, d'autres disparaissant en fonction des sollicitations du monde extérieur. Ainsi, par exemple, un enfant à la naissance est capable de parler toutes les langues, de prononcer tous les sons mais, au bout de dix mois de bain maternel, il ne sera capable que de prononcer les sons de la langue dans laquelle il a été élevé.

dépendent notamment du moment où survient la perturbation. Certains scientifiques font l'hypothèse que ces « erreurs » peuvent se manifester dès l'enfance, sous la forme de certaines pathologies comme le TDAH.

Un cerveau hyperréactif

L'hyperactivité motrice est due à une incapacité à inhiber les comportements moteurs inadaptés. Et c'est bien le cerveau, l'organe qui commande tous nos faits et gestes, qui est en cause. Les recherches actuelles sur le fonctionnement cérébral des enfants TDAH ont pu mettre en évidence des dysfonctionnements spécifiques au niveau de certaines zones comme les lobes frontaux situés en avant du cerveau ou certains noyaux gris centraux (le putamen par exemple) localisés plus en arrière… Cependant, dans le TDAH, il n'existe pas de lésion véritable de ces zones, c'est pourquoi on parle de dysfonctionnement. C'est également la raison pour laquelle il n'existe aucun examen radiologique qui permettrait de faire le diagnostic à coup sûr. En somme, le cerveau de l'enfant hyperactif fonctionne trop bien, hyperréagit à tous les stimuli sensoriels, visuels, auditifs, sans mettre les filtres qui permettent aux personnes non hyperactives de fonctionner à peu près normalement.

Le cerveau, une fabrique formidable

Composé de cent milliards de cellules qui consomment 20 % de notre énergie, le cerveau ne pèse pourtant que 2 % de notre masse corporelle. Il est le pilier de tous nos comportements, émotions et activités. Les cellules nerveuses (neurones) communiquent entre elles grâce à des courants électrochimiques ou des mouvements de molécules. Chaque neurone est ainsi relié en moyenne par dix milles connexions. Celles-ci sont d'autant plus nombreuses et fonctionnelles que le cerveau a été stimulé de façon adaptée pendant l'enfance.

Attention et cerveau

C'est grâce au cortex frontal, cette zone située en avant de notre cerveau juste derrière notre front, que l'on est capable de fixer notre attention. C'est cette zone en particulier qui semble dysfonctionner dans le TDAH.

Comment fonctionne le cerveau ?

Il existe dans notre cerveau plusieurs circuits qui sont chargés de faire circuler les informations. Lorsque l'on réalise une activité qui requiert toute notre attention, ces circuits sont activés grâce à des mécanismes neurobiologiques complexes faisant intervenir des molécules cérébrales appelées neurotransmetteurs. Ainsi, nous pouvons nous concentrer sur le livre que nous avons à la main, sur notre émission préférée à la télévision ou sur la recette de cuisine. Mais ces activités nécessitent de **pouvoir filtrer toutes les informations parasites de notre environnement**. Et filtrer, c'est le rôle du cortex frontal qui active certains circuits neuronaux en même temps qu'il en inhibe d'autres. Grâce à ce mécanisme de contrôle des informations, une maman, par

Le cortex frontal et ses fonctions

Le cortex frontal est une zone très importante de notre cerveau qui gère de nombreuses activités intellectuelles : organiser le programme d'une journée, planifier son emploi du temps, défendre ses idées avec les meilleurs arguments. Le lobe frontal est également impliqué dans la gestion des émotions et dans ce qui fait notre personnalité. La zone postérieure, quant à elle, intervient dans le contrôle de la motricité. Enfin, une zone située dans le lobe frontal gauche permet de transformer les pensées en mots.

exemple, n'entendra pas le tonnerre gronder alors qu'elle se réveillera au moindre soupir de son bébé. C'est aussi grâce à lui que l'on peut travailler dans une atmosphère bruyante sans être trop gêné par les bruits alentours. C'est ce qu'on appelle la **résistance à la distraction.**

Des mécanismes défaillants chez les hyperactifs

Dans le TDAH, il existerait un **dysfonctionnement du lobe frontal.** En effet, les études réalisées ces dernières années grâce au progrès des techniques radiologiques ont permis de visualiser une diminution de l'activité de cette zone chez certains enfants souffrant de TDAH. Mais l'attention est une fonction complexe de notre cerveau. Elle fait également intervenir certains neurotransmetteurs comme la dopamine. On sait aujourd'hui que ces molécules sont impliquées dans le TDAH. Mais un trouble de l'attention a toujours plusieurs dimensions. Il n'est pas seulement neurologique comme en témoignent les études qui ne retrouvent pas systématiquement un dysfonctionnement cérébral ; il est aussi psychologique et social. Toutes ces dimensions sont imbriquées pour qu'apparaisse un véritable trouble de l'attention.

Les différents modes d'attention

- **Attention sélective**

C'est la capacité de se concentrer sur une tâche au détriment d'une autre. Un déficit de ce type d'attention est responsable d'une tendance à la distraction, à la rêverie. Elle s'accompagne le plus souvent d'une difficulté à organiser les informations venant de l'environnement. C'est le type d'attention le plus touché dans l'hyperactivité.

- **Attention divisée**

C'est la capacité de faire deux tâches en même temps. Par exemple suivre un cours en prenant des notes ou parler en conduisant.

- **Attention soutenue**

C'est la capacité de maintenir son attention dans la durée. Cette capacité est très faible chez les enfants TDAH mais aussi en cas de manque de sommeil.

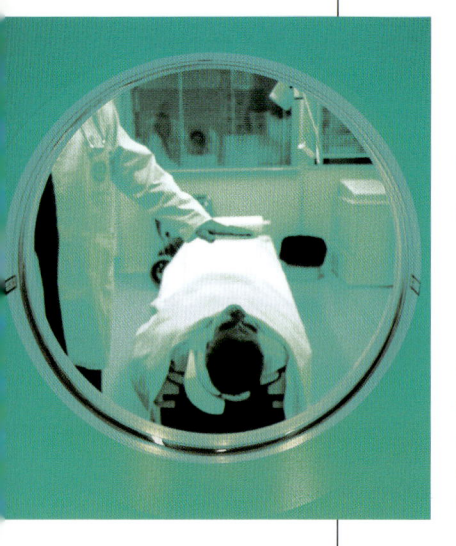

Apports des examens neuro-radiologiques

Voir le cerveau fonctionner ou dysfonctionner est désormais possible grâce aux nouvelles techniques d'imagerie cérébrale. Ces techniques ont permis de mieux comprendre le fonctionnement du cerveau dans le TDAH.

Analyse de la forme du cerveau

Le scanner et l'imagerie par résonance magnétique (IRM) permettent de voir les zones du cerveau qui s'activent lorsqu'elles sont sollicitées. Les centres du langage, de la mémoire, de l'attention, de la commande de nos gestes... sont ainsi mis en évidence. La reconstitution des images est réalisée en trois dimensions grâce à un ordinateur. Ces deux techniques peuvent être utilisées chez les enfants car elles n'utilisent pas de produits radioactifs. Les études portant sur le TDAH sont peu nombreuses car les recherches sont récentes. Néanmoins, la plupart de celles analysant la morphologie du cerveau ont montré des différences entre les cerveaux des enfants TDAH et ceux des autres enfants : le cortex frontal droit et le corps calleux sont plus petits chez les premiers. Cependant ces anomalies ne se retrouvent pas chez tous les enfants TDAH sans que l'on sache encore pourquoi.

> **L'effet de la Ritaline® se « voit » sur le cerveau**
>
> L'administration de psychostimulants, comme la Ritaline®, augmente l'activité de certaines zones du cerveau et diminue celle d'autres zones. Tels sont les résultats de plusieurs études utilisant la TEP et menées par des chercheurs sur des sujets adultes atteints de TDAH. Cependant, l'effet du traitement sur le cerveau n'est pas toujours visible. D'autres études sont nécessaires pour mieux comprendre le fonctionnement du traitement dans le TDAH.

Analyse des fonctions de certaines zones cérébrales

Utilisées actuellement qu'à des fins de recherche, deux techniques de pointe d'imagerie fonctionnelle permettent de visualiser les modifications du flux sanguin d'une zone du cerveau lors de la réalisation de telle ou telle tâche, de déterminer les zones du cerveau impliquées dans telle ou telle fonction. C'est ainsi que les chercheurs ont découvert l'implication des zones frontales dans les activités motrices et émotionnelles.

- **La TEP** (*Tomographie par Émission de Positons*) est basée sur l'émission de rayonnements gamma émis par l'organe étudié, après injection dans celui-ci d'un produit radioactif. Les rayonnements sont ensuite captés et mémorisés par ordinateur pour donner des images en trois dimensions. Cet examen ne peut être réalisé que chez les adultes en raison de sa nature radioactive. Il permet d'étudier, plan par plan, les organes et de mettre en évidence des différences dans l'activation de certaines zones cérébrales.
- **Le SPECT** (*Single Photon Emission Computerised Tomography*) mesure le flux sanguin dans le cerveau grâce à l'injection d'un produit radioactif. Cette technique est employée pour observer des processus biochimiques et physiologiques aussi bien que la taille et le volume de l'organe. Il est par exemple possible, en injectant de la dopamine marquée par un produit radioactif, de visualiser les régions du cerveau qui utilisent ce neuromédiateur.

À la découverte des zones cérébrales impliquées dans le TDAH

En 1984 déjà, une étude du cerveau réalisée grâce au SPECT a mis en évidence, chez les personnes souffrant de TDAH, une diminution du flux sanguin au niveau des noyaux gris centraux, diminution due à une sous-activité du cortex frontal. Ces résultats sont confirmés par d'autres études plus récentes : en 1993, une étude en TEP a mis en évidence une diminution de la consommation du glucose (signalant donc une baisse de l'activité de la zone) au niveau du cortex frontal.

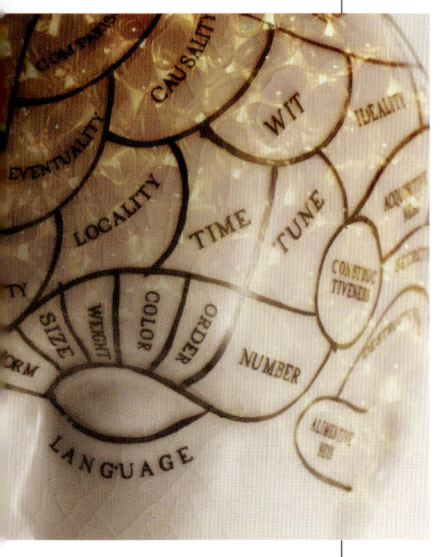

La biologie du cerveau et l'hyperactivité

Le TDAH serait lié à des perturbations neurochimiques au niveau cérébral. La dopamine est la principale molécule incriminée, mais elle n'est pas la seule.

Le cerveau, une boîte à dialogue perfectionnée

Nous sommes en permanence en contact avec le monde extérieur grâce à nos sens (toucher, vue, ouïe, odorat). Quand l'un de ces sens est activé, l'information rejoint le cerveau grâce aux cellules nerveuses pour y être analysée. L'information est ensuite transmise à des centres spécifiques du cerveau, variables selon la nature de l'information, avant de repartir ensuite dans l'autre sens pour déclencher la réponse adéquate.

Les neurotransmetteurs, les messagers de l'information

Entre deux cellules nerveuses il existe un espace très important (et pourtant très petit) appelé synapse. C'est là que l'on trouve les neurotransmetteurs, des substances chimiques qui assurent la communication entre deux cellules nerveuses. Pour aller d'un neurone à l'autre, le neurotransmetteur se fixe sur un récepteur pour traverser avec lui la synapse. Pour un même neurotransmetteur il existe plusieurs types de récepteurs qui seront activés ou non en fonction de la nature de l'information à traiter. Ces messagers chimiques sont

---

Différences entre filles et garçons : une question d'hormones ?

Les estrogènes, les hormones des femmes, pourraient jouer un rôle dans le TDAH ce qui expliquerait les différences dans la fréquence du trouble selon le sexe. En effet, ces hormones interfèrent dans le cerveau avec la dopamine, mais la complexité de ces interactions ne permet pas encore d'en comprendre exactement le fonctionnement.

fabriqués par notre organisme à partir d'acides aminés fournis par l'alimentation. C'est une des raisons pour laquelle on pense que l'alimentation joue un rôle dans les maladies liées à des défauts de production de neurotransmetteurs comme dans le TDAH. La dopamine, par exemple, est fabriquée à partir de la phénylalanine (que l'on trouve dans le chocolat) et de la tyrosine (présente dans certains poissons).

La dopamine au centre du TDAH

La dopamine est le neurotransmetteur le plus important du cerveau puisqu'elle représente 80 % des molécules chimiques du cerveau. Cependant, seulement 1 % des neurones fonctionnent grâce à elle.
La dopamine est impliquée dans de nombreuses fonctions de l'organisme :
- Dans certaines émotions comme la recherche de plaisir.
- Dans la motricité, les mouvements.
- Dans certaines fonctions de base telles que l'éveil, la vigilance, la faim.
- Dans certains comportements comme la recherche de récompense, de sensations, dans la motivation.
Les neurones fonctionnant à la dopamine sont très sensibles à certaines situations comme le stress, les situations anxiogènes qui vont l'activer. Mais ils sont également sensibles à l'expérience. En fait, le fonctionnement de ces neurones se fait grâce aux expériences que l'individu a rencontrées au cours de son développement. Chez les enfants hyperactifs, la production de dopamine serait déséquilibrée ce qui expliquerait la plupart des symptômes.

La noradrénaline impliquée dans le TDAH

La noradrénaline fait partie, avec l'adrénaline et la dopamine, de la famille des catécholamines. Les effets des catécholamines au niveau du système nerveux central sont complexes et encore mal précisés. La noradrénaline intervient principalement dans la régulation de l'humeur. Dans le TDAH il existerait une diminution de l'activité de ce neurotransmetteur dans une zone bien particulière : le *locus coeruleus*.

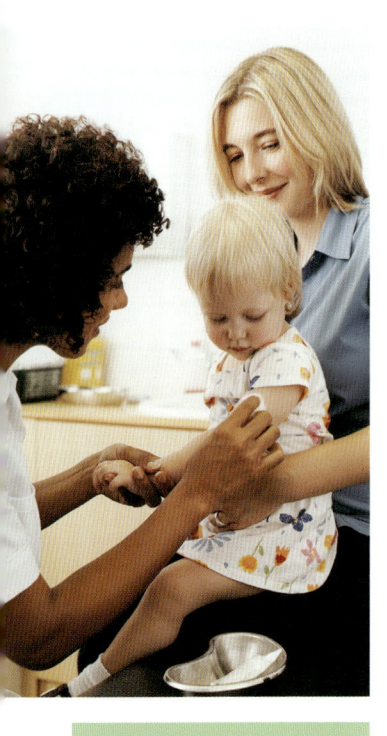

SOIGNER LES ENFANTS HYPERACTIFS

Qui consulter ?

Il y a de quoi se perdre devant la grande diversité de médecins, psychologues, orthophonistes ou psychomotriciens. Qui consulter ? Où trouver l'aide la plus appropriée à votre enfant ? Combien cela vous coûtera-t-il ? Autant de questions légitimes que les parents confrontés à l'hyperactivité de leur enfant se posent.

Le médecin généraliste

D'une aide précieuse, car il connaît bien la famille et l'enfant en particulier, le médecin généraliste est en première ligne. Il a pour rôle de diriger les parents vers des médecins spécialisés, de coordonner la prise en charge de l'enfant. Une fois le diagnostic posé, il peut aussi assurer le suivi des enfants et la prescription de Ritaline®. Cependant, une consultation auprès d'un spécialiste reste nécessaire une ou deux fois par an.

Les pédopsychiatres

Ce sont des médecins spécialisés dans les troubles psychologiques et neuro-développementaux des enfants. Lors de la première consultation, le pédopsychiatre reçoit toujours l'enfant accompagné de ses parents pour évaluer dans sa globalité le fonctionnement de l'enfant et de sa famille. Ceci est très important pour différencier une hyperactivité d'origine familiale et un

---

Les services hospitaliers spécialisés

Ce sont des services qui assurent l'évaluation, le diagnostic puis le suivi des enfants hyperactifs. Il en existe très peu en France et le délai d'attente est en général important. Ils regroupent tous les spécialistes et donc tous les examens se font au même endroit ce qui est très pratique et fait gagner du temps. L'évaluation se fait en plusieurs fois ou, plus souvent, sur une journée lors d'une hospitalisation d'un à plusieurs jours.

véritable TDAH. Il prescrit des traitements médicamenteux et peut également pratiquer des psychothérapies dont le type varie en fonction de sa formation.

Les pédiatres et neuropédiatres

Le pédiatre connaît en général bien l'enfant qu'il suit depuis sa naissance. Les neuropédiatres sont spécialisés dans les maladies neurologiques des enfants. La consultation est centrée sur l'examen neurologique à la recherche des signes spécifiques du TDAH. Le pédiatre recherche également la présence d'autres pathologies comme l'épilepsie pouvant être associées au TDAH. Il est habilité à prescrire la Ritaline®.

Les psychologues

La prise en charge psychologique est fréquemment recommandée dans le TDAH. Elle est prescrite par les pédopsychiatres ou les pédiatres. Les psychologues ne sont pas médecins et ne peuvent donc pas prescrire de médicaments. En revanche, ils pratiquent les évaluations psychométriques (tests d'intelligence, de personnalité, etc.) et les psychothérapies. Certains sont spécialisés dans les thérapies comportementales, d'autres dans les thérapies psychanalytiques. Une psychothérapie n'est jamais contre-indiquée en cas de traitement médicamenteux.

Les orthophonistes

Spécialistes des troubles du langage oral ou écrit, ils réalisent le bilan orthophonique qui est systématiquement prescrit en cas de suspicion d'un trouble du langage comme la dyslexie ou d'un trouble des apprentissages. La rééducation orthophonique est remboursée par la sécurité sociale si elle a été prescrite par un médecin.

Les psychomotriciens

Ce sont des professionnels spécialisés dans le développement moteur de l'enfant mis en rapport avec le développement psychologique. Le psychomotricien établit un bilan pour évaluer les difficultés présentées par l'enfant et proposer une prise en charge adaptée. Les séances peuvent être individuelles ou en groupe, généralement une fois par semaine. Dans le TDAH, le travail est axé sur la motricité fine, la coordination, le contrôle des mouvements.

Quel bilan médical faire devant une suspicion de TDAH ?

Faire le diagnostic d'un TDAH demande du temps et un examen médical approfondi qui peut nécessiter plusieurs consultations.

La visite chez le médecin

Elle commence par un interrogatoire approfondi voire « policier » de l'histoire de l'enfant depuis sa naissance :
- Les antécédents médicaux et chirurgicaux.
- Les stress ou traumatismes subis.
- Les étapes du développement psychomoteur de votre enfant.
- L'inventaire des symptômes actuels. Tout est relevé, du sommeil à la propreté, de l'alimentation à la scolarité. Les questions doivent faire un point aussi large que possible sur l'état de votre enfant.
- La recherche de troubles associés comme l'anxiété, un trouble de l'humeur, des tics, etc.

Le médecin interroge aussi les parents sur leur propre histoire, à la recherche notamment d'antécédents familiaux d'hyperactivité.

Il peut arriver que lors de cette première consultation l'enfant ne soit pas agité, souvent au grand dam des parents qui ont peur que le médecin remette leur parole en cause. Ce comportement est cependant fréquent dans les situations où l'enfant est en tête-à-tête avec un adulte qu'il ne connaît pas. C'est pour cette raison que le médecin ne se contente pas d'une seule évaluation clinique. Il lui faut souvent revoir l'enfant plusieurs fois, demander l'avis des enseignants sur le comportement de l'enfant à l'école et parfois pratiquer certains examens complémentaires.

Un bilan médical approfondi

Il comprend :
- Un examen somatique complet avec mesure de la tension artérielle, de la fréquence cardiaque, du poids et de la taille (notamment en cas de prescription de la Ritaline®).
- Un examen neurologique qui peut révéler de petits signes. Cependant, s'il est franchement anormal, il doit faire suspecter un autre diagnostic.
- Une évaluation de l'audition et de la vision si cela n'a pas été fait auparavant.
- Une évaluation du niveau scolaire grâce au dossier scolaire que vous aurez pris soin d'emmener avec vous.
- Une évaluation du langage, de la mémoire, de l'attention et de l'intelligence grâce à des tests spécifiques.
Certains questionnaires d'évaluation du TDAH pour l'enfant ou pour les parents, comme le questionnaire de Conners, sont une aide au diagnostic mais ne remplacent jamais l'évaluation clinique.

Les petits signes neurologiques

Certains signes neurologiques mineurs sont présents chez les enfants TDAH
- Défaut de la motricité fine.
- Déficit des digitognosies : difficulté à reconnaître un objet placé dans la main les yeux fermés.
- Chorée de Prechtl : petits mouvements involontaires des mains et des doigts qui apparaissent dans certaines situations.
- Syncinésie : existence de mouvements associés anormaux lors de la réalisation d'un geste.
- Déficit de la graphomotricité : troubles de l'écriture.

La mise en place de la prise en charge

Dans un troisième temps, le professionnel vous proposera un traitement qui peut être de différents types :
- Un traitement médicamenteux, en général par Ritaline®, si l'intensité de l'hyperactivité et de ses conséquences péjoratives, notamment sur la scolarité, le justifie.
- Une prise en charge psychothérapeutique de votre enfant, individuelle ou en groupe, auprès d'un psychologue, notamment s'il existe des troubles psychologiques associés au TDAH.
- Un suivi en orthophonie ou en psychomotricité.
- Ou tout cela à la fois.
Le médecin est là aussi pour écouter les parents, les informer sur la maladie, les conseiller sur la meilleure attitude à avoir avec leur enfant à la maison, pour les devoirs… Il répondra à toutes les questions qu'ils se posent ; il ne faut pas qu'ils hésitent à le questionner.

Les examens complémentaires

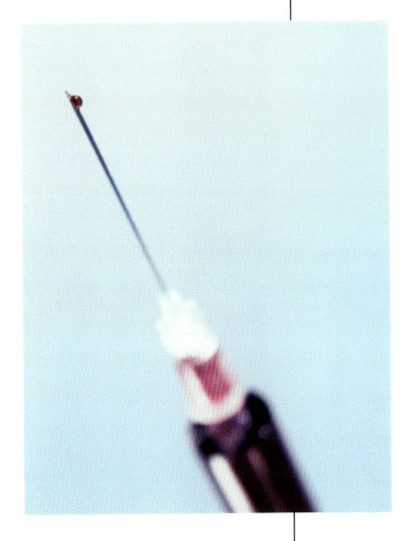

Aucun examen complémentaire ne confirme le diagnostic à 100 %. On les réalise pour avoir une idée globale du développement et des capacités de l'enfant, pour éliminer d'autres diagnostics qui peuvent prendre l'aspect du TDAH, pour faire le point avant la mise en route du traitement médicamenteux.

Trois types d'examens complémentaires

Les examens ne sont pas faits pour confirmer le diagnostic de TDAH mais pour éliminer une autre pathologie qui peut être responsable d'agitation psychomotrice :
- Scanner et IRM peuvent être demandés pour confirmer ou infirmer une hypothèse de lésion cérébrale ou une épilepsie.
- Électroencéphalogramme en cas de suspicion d'une épilepsie.
- Les examens biologiques : dosage des hormones thyroïdiennes pour éliminer une hyperthyroïdie qui peut être responsable d'une hyperactivité, bilan sanguin classique notamment avant la mise en place d'un traitement médicamenteux.

Les tests psychologiques

Ils sont réalisés par les psychologues cliniciens. Certains évaluent la structure profonde de la personnalité et peuvent éclairer sur l'origine de certains comportements pathologiques, d'autres apprécient une fonction particulière comme l'attention, la mémoire, le langage.

SOIGNER LES ENFANTS HYPERACTIFS

Ils permettent de faire un diagnostic précis et d'éliminer d'autres troubles psychologiques comme la dépression. Pour les enfants hyperactifs, différents tests sont à la disposition des psychologues :
- Les labyrinthes de Porteus qui évaluent les capacités de concentration.
- Le test de Stroop qui mesure l'attention sélective.
- Les mosaïques de Lowenfeld qui étudient la personnalité.
- Le test de Rozenzweig qui évalue les réactions comportementales devant les situations de frustration.

Les tests d'intelligence

Le plus connu est le test du QI. C'est le Dr Alfred Binet qui a le premier mis au point un test pour évaluer les capacités intellectuelles des enfants d'âge scolaire. Les tests d'intelligence mesurent la capacité intellectuelle globale ou partielle telle que l'intelligence pratique ou verbale. Ils permettent également d'évaluer l'état du développement mental chez les enfants et donc de définir si leurs capacités sont en rapport avec leur âge. Un résultat entre 90 et 110 est considéré comme le QI moyen, c'est-à-dire le QI possédé par la plus grande partie de la population. Au-dessus de 120, l'intelligence est dite supérieure à la moyenne, en dessous de 80 il y a déficit d'intelligence. Dans le TDAH, on retrouve souvent quelques petites perturbations bien que le niveau intellectuel soit normal voire supérieur à la moyenne : QI verbal supérieur au QI performance, faiblesse spatio-temporelle, faiblesse graphomotrice. Toutefois, la notion de QI est très discutée et doit toujours être mise en rapport avec l'observation de l'enfant.

Un test pour diagnostiquer le TDAH ?

Il existe dans le cerveau des enfants hyperactifs des anomalies biochimiques concernant la dopamine. Les chercheurs ont mis au point un agent radioactif, l'Altropane, qui se lie aux protéines transportant la dopamine dans le cerveau. Ainsi, ils peuvent visualiser, grâce aux techniques d'imagerie, les endroits du cerveau où il manque de la dopamine. Ce test est actuellement utilisé à des fins de recherches et non dans la pratique courante. Il pourrait se révéler, dans le futur, une aide précieuse pour le diagnostic si les résultats se confirment.

La Ritaline®, un médicament miracle ?

Disponible en France depuis 1996, mais utilisée dans la plupart des pays du monde depuis une vingtaine d'années, la Ritaline®, ou méthylphénidate, est LE médicament du TDAH.

Les effets positifs de la Ritaline®

Le mécanisme exact de l'action de la Ritaline® au niveau cérébral n'est pas connu mais il semblerait qu'elle ait un effet sur la dopamine et la noradrénaline. En revanche, au niveau des symptômes, son action n'est plus remise en doute. Parents, enseignants, médecins… tous remarquent l'efficacité de la Ritaline® sur les enfants hyperactifs :

- Diminution de l'agitation psychomotrice, amélioration du contrôle de la motricité fine.
- Amélioration de l'impulsivité.
- Amélioration nette de l'attention, des capacités de concentration et de la mémoire à court terme.
- Amélioration des capacités d'apprentissage et des résultats scolaires.
- Amélioration des relations affectives familiales et sociales, diminution de l'agressivité et des conduites d'opposition.

Les effets dépendent cependant des enfants. Il y en a chez qui ce traitement ne fonctionne pas, sans que l'on sache pourquoi. Il semblerait que l'efficacité soit plus

---

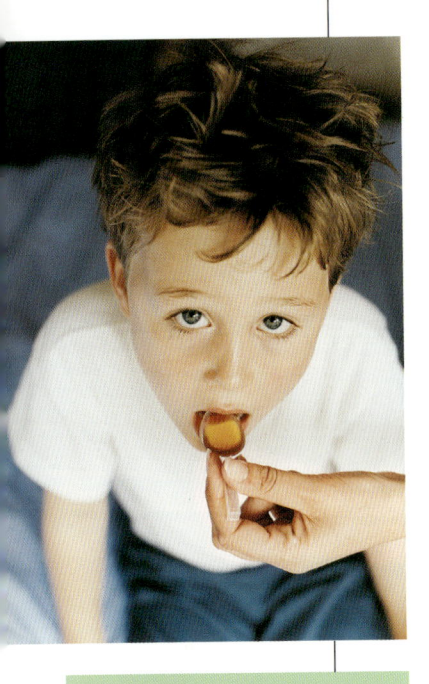

La Ritaline® en chiffres

- **6 millions** : c'est le nombre estimé d'enfants prenant de la Ritaline® aux États-Unis.
- **90 %** : c'est le pourcentage d'enfants TDAH traités par Ritaline® aux États-Unis.
- **70 %** : c'est le pourcentage de cas pour lesquels la Ritaline® améliore l'hyperactivité, le déficit de l'attention et l'impulsivité.
- **4** : c'est le nombre de formes de Ritaline® disponibles en France : comprimés à 10 mg, gélules à libération prolongée de 20, 30 et 40 mg.

importante chez les enfants hyperactifs n'ayant pas de troubles affectifs (dépression, anxiété) associés.

Pas de prescription à la légère

Malgré l'efficacité démontrée de la Ritaline®, sa prescription chez les enfants est toujours controversée. Aux États-Unis, le nombre d'enfants sous Ritaline® ne cesse d'augmenter. La pression de la société et de l'école en particulier est de plus en plus forte. Il faut savoir que dans ce pays, seule la prescription médicamenteuse est prise en charge par les compagnies d'assurance dans le traitement du TDAH. La plupart des parents n'ont pas les moyens de payer à leur enfant une prise en charge psychothérapeutique. En France, la Ritaline® est toujours prescrite dans le cadre d'une prise en charge globale de l'enfant, après une évaluation médicale rigoureuse.

Une prise en charge globale

L'efficacité de la Ritaline® est d'autant plus grande qu'elle est associée à d'autres méthodes thérapeutiques :
- Aide psycho-éducative des parents.
- Psychothérapie de l'enfant.
- Adaptation scolaire.
- Psychomotricité et/ou orthophonie.

En effet, la Ritaline® n'a aucun effet sur l'opinion que porte l'enfant sur lui-même. Les enfants hyperactifs ont souvent été confrontés à des échecs, des réprimandes, des moqueries. Cela peut conduire à une véritable dépression. Une aide psychologique devient alors indispensable.

Ritaline® et risque de toxicomanie

Les détracteurs de la Ritaline® ont mis en avant l'hypothèse que la prise d'un psychostimulant pendant l'enfance augmenterait le risque de toxicomanie à l'adolescence. Ce qu'il faut savoir c'est que le TDAH en lui-même élève le risque de conduites addictives à l'adolescence et à l'âge adulte. Et contrairement aux idées reçues, la Ritaline®, en diminuant l'hyperactivité, réduit le risque de ce type d'évolution.

Comment prendre la Ritaline® ?

Donner de la Ritaline® à un enfant ne se fait jamais sans crainte de la part des parents. Pourtant le suivi scrupuleux des règles de prescription rend la prise de Ritaline® sans danger.

Une posologie adaptée au cas par cas

Il n'existe pas de dosage standard. Il doit être **adapté aux besoins et à la sensibilité de chaque enfant**. En général les médecins débutent par des doses faibles (de l'ordre de 0,3 mg/kg) puis augmentent par palier toutes les semaines jusqu'à une posologie maximale de 1 mg/kg/jour. Par principe on recherche **toujours la plus petite dose efficace**.

Une prescription strictement encadrée

Seul un **médecin hospitalier** peut démarrer un traitement par Ritaline®. Il fera à l'enfant hyperactif une ordonnance dite sécurisée pour une période qui ne peut pas dépasser 28 jours. En revanche, le renouvellement mensuel peut être fait par le médecin généraliste mais une visite annuelle auprès d'un spécialiste reste obligatoire. Le médicament vous sera délivré dans n'importe quelle pharmacie sous réserve d'avoir la prescription mensuelle et l'ordonnance hospitalière de moins d'un an.

Les contre-indications
- Absence de TDAH.
- Intolérance à la Ritaline®.
- L'existence de tics ou d'antécédents familiaux de tics ou de SGT.
- Certaines pathologies mentales comme l'autisme, les psychoses ou la déficience mentale.
- Jeune fille en âge de procréer.
- Quand l'hyperactivité est due à des carences éducatives.

Quand et comment prendre la Ritaline® ?

L'effet d'un comprimé se fait sentir 20 à 30 minutes après la prise et agit environ pendant quatre heures. Il faut donc **au minimum deux prises par jour** pour avoir une efficacité sur toute la journée. En général, le traitement est pris le matin et pendant le repas de midi. On ne donne pas de comprimé le soir pour éviter des troubles du sommeil. Éventuellement, il peut être ajouté une autre prise vers 16 heures si l'intensité des troubles le nécessite.

On peut prescrire la Ritaline® de façon continue quand le TDAH a des répercussions sévères sur la vie familiale ou faire une pause le week-end, cela dépend de chaque enfant, de la sévérité du trouble et de la tolérance de sa famille.

Pour qui ?

La Ritaline® est prescrite chez les enfants atteints de TDAH et âgés de plus de six ans, sans limite supérieure d'âge. Cependant, tous les enfants hyperactifs n'ont pas besoin de Ritaline®, loin s'en faut. Elle peut en théorie être prescrite aux adultes, mais elle serait moins efficace et les effets secondaires seraient plus fréquents.

Des effets secondaires non négligeables

- Perte d'appétit dans 80 % des cas mais sans retentissement sur la courbe de poids.
- Insomnie.
- Irritabilité, anxiété, leur apparition devant inciter le médecin à rechercher un trouble de l'humeur.
- Céphalées.
- Douleurs abdominales.
- Une somnolence excessive est l'effet d'une surdose.
- Aggravation ou apparition de tics notamment dans les cas de SGT associé au TDAH.
- Tachycardie et élévation de la pression artérielle dans quelques cas ce qui justifie une surveillance régulière de la tension.
- Effet rebond à l'arrêt du traitement.
- Ralentissement de la croissance mais qui se rattrape à l'arrêt du traitement.

Ces effets secondaires sont surtout observés durant les deux premières semaines de traitement. Ils diminuent ou disparaissent par la suite.

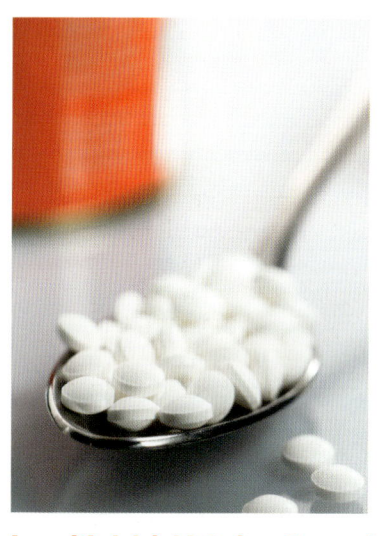

Les nouveaux médicaments du TDAH

En dehors de la Ritaline®, quatre médicaments sont principalement utilisés dans le TDAH. Certains ne sont cependant pas encore disponibles en France.

Le méthylphénidate à action prolongée ou Concerta®

Il s'agit de la **même molécule active que celle de la Ritaline®**. Disponible en France depuis 2004, le Concerta® a une durée d'action de douze heures ce qui permet **une seule prise par jour** pour une efficacité sur toute la journée.

Plusieurs études portant sur des enfants hyperactifs de six à douze ans ont évalué son efficacité par rapport à un placebo pendant des périodes n'excédant pas quatre semaines. On ne connaît donc pas l'efficacité à long terme du produit. C'est au médecin prescrivant ce médicament qu'il revient de réévaluer son utilité sur le long terme.

Les effets secondaires les plus fréquents sont les mêmes que ceux de la Ritaline® : anorexie, tics, insomnie, céphalées, irritabilité, douleurs abdominales. Ils sont retrouvés dans environ 5 % des cas, surtout au début du traitement, et sont en général de courte durée.

La prescription de Concerta® doit être accompagnée d'un suivi médical rigoureux qui comprend évaluation clinique, mesure de la tension artérielle, fréquence cardiaque, examens sanguins (hémogramme, enzymes hépatiques).

L'atomoxétine ou Strattera®

C'est le premier **médicament non stimulant** à être mis au point dans le traitement du TDAH. Plus de deux millions de personnes dans le monde ont déjà pris du Strattera® et il est disponible aux États-Unis, en Australie, en Angleterre, en Argentine et en Allemagne. Bien qu'il ne soit pas encore disponible en France, il serait cependant possible de s'en procurer dans certains cas, en demandant une autorisation d'utilisation temporaire qui doit être sollicitée par un médecin hospitalier. Il agirait principalement sur la norépinéphrine, la molécule chimique qui serait impliquée dans le **contrôle des impulsions**, dans les capacités d'organisation et d'attention. Il peut être utilisé chez les enfants à partir de six ans, chez les adolescents et les adultes.

Un comprimé par jour améliore les principaux symptômes du TDAH et **l'effet dure toute la journée**. Il est également efficace chez les enfants présentant des troubles associés tels qu'anxiété ou tics. Les études cliniques, réalisées sur plus de 6 000 patients, ont montré des améliorations au niveau de la qualité de vie, sur le comportement à l'école et sur les relations familiales. Les effets secondaires les plus courants sont les suivants : maux d'estomac, baisse de l'appétit, nausées, vomissements, étourdissement, fatigue, somnolence et irritabilité. Le laboratoire commercialisant ce médicament a par ailleurs annoncé que les patients prenant du Strattera® et souffrant de jaunisse ou de problèmes hépatiques devaient interrompre leur traitement. Cette alerte fait suite à l'identification de deux cas de jaunisses observés, l'un chez un adulte et l'autre chez un adolescent traités par ce médicament.

La Pémoline

Elle est commercialisée aux États-Unis sous le nom de Cylert®, en Belgique et en Suisse sous le nom de Stimul®. Elle a été retirée du marché au Canada en 1999 en raison de sa toxicité hépatique. Elle n'est pas disponible en France. Son efficacité semble être proche de celle de la Ritaline® mais les études statistiques sont beaucoup moins nombreuses. La Pémoline n'est jamais utilisée en premier choix dans le traitement du TDAH, notamment en raison de ses effets toxiques sur le foie.

La dextroamphétamine

Il s'agit d'un **psychostimulant** de la famille des amphétamines. Elle est commercialisée aux États-Unis et au Canada sous le nom de Dexédrine®. Elle serait moins efficace que la Ritaline® dans le traitement du TDAH. Elle est prescrite surtout en cas de mauvaise tolérance ou d'absence d'efficacité du méthylphénidate. Ce médicament serait surtout efficace dans les cas d'impulsivité sévère et dans les conduites d'opposition. Perte d'appétit, troubles du sommeil, troubles digestifs et accoutumance forment les principaux effets indésirables. Comme toutes les amphétamines, ce médicament peut entraîner une dépendance et un risque de toxicomanie.

Des médicaments moins spécifiques

De nombreux médicaments ont été essayés dans le traitement du TDAH avec plus ou moins de succès.

Les antidépresseurs

Ils sont surtout utilisés en cas de troubles associés au TDAH, en particulier lorsqu'il existe un syndrome dépressif, un trouble anxieux ou un trouble obsessionnel compulsif (TOC). Ils sont également prescrits quand les psychostimulants ne marchent pas ou que les effets secondaires sont trop gênants. Cependant, en France, la majorité des antidépresseurs n'ont pas d'autorisation de prescription chez les enfants.
• Les **antidépresseurs tricycliques** (Anafranil®, Laroxyl®, Tofranil®), moins efficaces que la Ritaline® selon les différentes études menées, ils ont des effets secondaires parfois gênants (somnolence, sécheresse de la bouche, troubles de la vision) qui peuvent amener le patient à arrêter le traitement. Leur efficacité est longue à se faire sentir et elle diminue souvent au bout de quelques semaines de traitement. Leur prescription nécessite une surveillance médicale, notamment cardiaque (électrocardiogramme).
• **Le Prozac**® (fluoxétine) a obtenu l'autorisation aux États-Unis pour le traitement de la dépression et des TOC chez les enfants à partir de sept ans. Il reste interdit en France chez les moins de quinze ans.
• **L'Effexor**® (venlafaxine) serait efficace dans le TDAH selon plusieurs études menées sur des enfants et des adultes. Cependant, en France, on ne peut pas le prescrire chez les moins de dix-huit ans.
• **Le bupropion**, commercialisé au Canada et aux États-Unis sous le nom de Wellbutrin®, serait efficace dans le TDAH chez l'adulte en agissant sur la dopamine. Il influerait surtout sur l'impulsivité et l'anxiété. On le trouve en France sous le nom de Zyban®, mais il ne peut être prescrit dans le TDAH.

Le Catapressan® (clonidine)

Il s'agit en fait d'un médicament utilisé dans le traitement de l'hypertension artérielle. Il serait efficace pour soigner le TDAH grâce à son **action sur l'adrénaline**. Il est prescrit généralement **en association avec la Ritaline**® pour en améliorer l'efficacité.

Selon les études il diminue l'intensité des symptômes de 25 à 50 %, principalement l'impulsivité et les tics. Il n'a aucun effet sur les troubles de l'attention. Il est donc réservé aux TDAH de sous-type hyperactivité prédominante. L'hypotension artérielle est le principal effet secondaire qui nécessite une surveillance étroite.

Les neuroleptiques (Haldol®, Melleril®, Largactil®, Risperdal®)

Ce sont des médicaments utilisés dans les **troubles psychotiques graves**. Ils sont cependant parfois prescrits dans le TDAH, notamment s'il existe des troubles du comportement (agressivité, impulsivité) et dans le syndrome de Gilles de la Tourette. Les effets positifs sont inférieurs aux autres traitements disponibles et les effets secondaires plus gênants.
Le Risperdal® (risperidone), nouveau neuroleptique ayant moins d'effets secondaires, est parfois utilisé chez les enfants TDAH en cas de troubles sévères du comportement, mais il n'est pas efficace sur les troubles de l'attention. Il ne doit jamais être prescrit en première intention.

Les thymorégulateurs

Utilisés habituellement pour traiter **les troubles de l'humeur**, ils ont été essayés chez les enfants hyperactifs.
• **Le Tégrétol®** (carbamazépine) est réservé aux enfants hyperactifs ayant des antécédents d'épilepsie ou aux cas résistants à tous les autres traitements.
• **Le lithium** a également été essayé mais n'a pas fait la preuve de son efficacité.

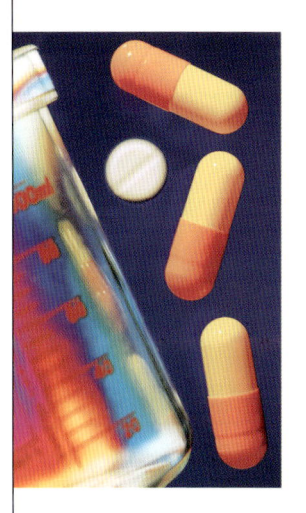

Les traitements naturels de l'hyperactivité

Les remèdes naturels sont surtout utilisés dans les cas de TDAH modérés, chez les enfants de moins de six ans ou lorsque les parents refusent la prescription d'un psychostimulant. Mais quels sont ceux qui marchent vraiment ?

Le *Ginkgo biloba*

La feuille de *Ginkgo biloba*, l'arbre le plus ancien du monde, est connue pour améliorer les facultés d'apprentissage et la mémoire en augmentant la circulation sanguine au niveau cérébral. Plusieurs études ont ainsi montré que le ginkgo améliore les symptômes des personnes présentant des troubles de concentration, des troubles de mémoire ou une distractibilité. En 2001 une étude canadienne s'est intéressée plus spécifiquement à l'utilisation du ginkgo dans le traitement du TDAH. Pendant quatre semaines, 36 enfants souffrant de TDAH ont pris un supplément alimentaire contenant 200 mg d'extrait de *Panax ginseng* et 50 mg d'extrait de *Ginkgo biloba*. Dans 65 % des cas, il a été noté une amélioration de leur anxiété, de l'hyperactivité, de l'impulsivité. Ces effets positifs seraient dus à une augmentation du flux sanguin dans certaines zones spécifiques du cerveau. Les effets indésirables du ginkgo sont rares (environ 0,2 % des cas) : troubles gastro-intestinaux légers, maux de tête, allergies cutanées.

La mélisse ou *Melissa officinalis*

Elle serait utile chez les hyperactifs grâce à ses pouvoirs sédatifs. De plus, elle renferme une substance qui serait utile au fonctionnement des cellules nerveuses. Cependant, des études sérieuses manquent pour prouver son efficacité dans le TDAH.

Le fer

Une étude française récente a montré que le taux de ferritine (la réserve en fer de l'organisme) était plus bas chez certains enfants hyperactifs. D'autres études ont mis en évidence qu'une supplémentation en fer améliorait le comportement des hyperactifs et leurs résultats scolaires. La carence en fer diminuerait l'activité de la dopamine dans le cerveau ce qui expliquerait son implication dans le TDAH.

Le magnésium

Les enfants TDAH auraient des taux de magnésium plus bas que les autres. Une étude publiée en 1994 a montré une légère amélioration des symptômes du TDAH après la prise de suppléments de magnésium. Cependant la supplémentation serait efficace uniquement chez les enfants hyperactifs présentant une carence biologiquement prouvée. La dose quotidienne recommandée serait alors d'environ 200 mg/ jour. Le magnésium est souvent prescrit dans les états anxieux et la nervosité.

> **Les traitements qui n'ont pas fait la preuve de leur efficacité**
> - L'administration d'acides aminés.
> - La restriction des apports en sucre.

Le zinc

C'est un oligoélément essentiel à la production de mélatonine qui intervient elle-même dans la régulation de la dopamine. Le zinc agirait indirectement sur la dopamine pour favoriser l'attention. Une étude de 1996 a montré que les enfants TDAH manquaient de zinc et d'acides gras essentiels. Une autre étude parue en 2004 a porté sur quarante-quatre enfants hyperactifs âgés de cinq à onze ans. La moitié a pris un supplément de zinc (55 mg / jour de sulfate de zinc). Dans ce groupe il a été noté une amélioration globale du comportement par rapport à ceux qui prenaient un placebo. Ces premiers résultats restent à confirmer par d'autres études de plus grande envergure.

> **Les traitements qui marchent**
> - Ceux qui sont efficaces lorsque l'hyperactivité est liée à une origine particulière :
> - Le traitement chélateur dans les cas d'intoxication au plomb
> - La supplémentation en zinc, en fer, en magnésium et en vitamines quand il existe une carence prouvée
> - Ceux qui sont efficaces dans un certain nombre de cas :
> - Le régime alimentaire pauvre en aliments allergènes pour les enfants ayant une intolérance alimentaire (environ 5 % des enfants hyperactifs)
> - La supplémentation en acides gras polyinsaturés oméga-3
> - L'acupuncture : selon une étude publiée en 1998 elle serait efficace dans le TDAH avec inattention prédominante

Les acides gras essentiels sont-ils utiles ?

Les acides gras essentiels participent à de nombreux processus de l'organisme et notamment au bon fonctionnement du cerveau. Deux acides gras oméga-3, l'EPA et le DHA, ont été incriminés dans le TDAH par des études récentes.

Un déficit fréquent dans le TDAH

Les acides gras essentiels (AGE) sont des graisses dont le corps a besoin pour fonctionner correctement mais qu'il ne peut fabriquer lui-même : ils doivent donc être apportés par l'alimentation. Les enfants atteints de TDAH ont une carence sévère en acides gras essentiels de deux types : l'EPA (acide eicosapentaénoïque) et le DHA (acide docohexaénoïque). C'est le résultat d'une étude publiée en 1995 qui a portée sur cinquante-trois garçons hyperactifs comparés à quarante-trois enfants non atteints. Le déficit en AGE dans le sang était alors associé aux symptômes cliniques de ce type de carence : soif, envie fréquente d'uriner, peau sèche. D'autres études sont venues depuis confirmer ces résultats mais on ne sait pas encore expliquer pourquoi les enfants atteints de TDAH présentent de tels déficits.

Le rôle des acides oméga-3 dans le cerveau

Le DHA est un constituant essentiel de la membrane des neurones. Sa présence et celle des autres oméga-3 en quantité suffisante est nécessaire au bon fonctionnement des neurones. Ils participent en effet à la communication entre les cellules nerveuses en complément des neurotransmetteurs (dopamine et sérotonine notamment). Indispensables au bon développement du cerveau du fœtus pendant la grossesse, ils sont alors fournis par la mère. Or la consommation en oméga-3 de la population occidentale est insuffisante… cette carence pourrait être responsable de perturbations neurologiques comme celles retrouvées dans le TDAH.

La supplémentation en acides gras essentiels : la solution ?

L'efficacité d'un complément en acide gras essentiel dans le TDAH est encore contestée. En effet, les résultats des différentes études sont contradictoires :
- Une supplémentation en DHA et en EPA pendant douze semaines améliore les symptômes de l'hyperactivité selon une étude publiée en 2002 ayant portée sur quarante et un enfants TDAH.
- La supplémentation en DHA seul ne serait pas efficace dans le TDAH selon une étude publiée en 2001.
- Un complément d'acide gamma-linoléique (Effamol®), acide gras à partir duquel le corps peut fabriquer de l'EPA et du DHA, ne serait pas efficace dans le TDAH selon une étude de 1989.

Ces résultats posent plus donc de questions qu'ils n'en résolvent :
- Certains AGE seraient plus efficaces que d'autres dans le TDAH.
- Certaines formes de TDAH seraient plus sensibles à une supplémentation en AGE.
- La durée de certaines études n'est peut-être pas suffisante pour constater une amélioration.

Mangez du poisson !

Tous les spécialistes s'accordent pour dire que notre alimentation devrait contenir plus d'acides gras essentiels. Selon l'Organisation mondiale de la santé (OMS) l'apport journalier en acides gras oméga-3 est insuffisant, mais les spécialistes n'ont pas encore établi d'apport minimum conseillé pour le DHA et l'EPA. Certains médecins recommandent cependant un apport de 1 à 2 g par jour. Les acides gras oméga-3 se trouvent surtout dans les poissons gras des mers froides. Le maquereau est le poisson le plus riche, viennent ensuite le hareng, l'anchois, la sardine, le rouget puis le saumon et le flétan. On les trouve également dans les coquillages et crustacés : crevettes, homards, encornets, etc.

Les bonnes sources d'oméga-3

Pour obtenir 1,3 g d'oméga-3 (apport journalier conseillé)

Oméga-3 d'origine végétale	Oméga-3 d'origine marine (EPA + DHA)
- ½ c. à thé (2 ml) d'huile de lin	- 70 g de saumon atlantique
- 2 c. à thé (10 ml) de graines de lin broyées	- 90 g de saumon rose ou rouge (en conserve)
- 1/4 de (60 ml) tasse de noix de Grenoble	- 90 g de sardines
- 13 g de graines de chanvre	- 120 g de thon blanc en conserve

Quand consulter un orthophoniste ?

Un enfant français sur quatre présente des troubles du langage. Chez ceux atteints de TDAH, la proportion atteint un enfant sur deux. Ces troubles sont traités par la rééducation orthophonique.

L'orthophonie est une discipline qui s'occupe des troubles de la voix, de la parole, du langage et de la communication orale et écrite.

Consulter le plus tôt possible

Plus la prise en charge des troubles du langage est précoce, mieux c'est. Elle doit avoir lieu si possible dès la maternelle, au moment où s'installent chez les enfants ce que l'on appelle les prérequis langagiers, c'est-à-dire les dispositions nécessaires à l'apprentissage de la lecture et de l'écriture. En effet, un trouble du langage peut être repéré dès trois ans, en se basant sur l'avis des parents et de l'enseignant.

Le bilan orthophonique devrait être systématique en cas de difficultés d'apprentissage de la lecture au CP. Dans le TDAH, on le demande lorsqu'il existe une suspicion de dyslexie, de dysorthographie ou des difficultés scolaires importantes. Ce bilan fait le point sur les difficultés de l'enfant. Il recherche aussi des troubles sous-jacents qui seraient responsables des troubles du langage : déficit auditif, maladie neurologique, troubles psychologiques, carences éducatives (enfant non scolarisé, non stimulé). Il permet enfin de proposer une prise en charge adaptée à chaque enfant.

La méthode Padovan, un nouvel outil orthophonique

Mise au point par Béatrice Padovan, cette méthode associe un travail sur la motricité, sur le verbal et sur la pensée, adapté à l'évolution de l'enfant hyperactif. Elle se fait de manière très ludique et le plus agréablement possible pour l'enfant. Pendant le travail, toutes les étapes-clés du développement psychomoteur de l'enfant sont reprises afin d'être stimulées. Les séances sont remboursées par la sécurité sociale lorsqu'elles sont réalisées par un orthophoniste.

Un travail adapté aux particularités de l'hyperactif

La rééducation orthophonique doit prendre en compte le déficit d'attention et les troubles cognitifs particuliers de l'enfant TDAH.
Le projet thérapeutique proposé par l'orthophoniste dépendra :
- Du type de trouble du langage.
- De l'âge, des besoins, des potentialités de l'enfant.
- De la demande des parents.

Dans le cas du TDAH, l'orthophoniste axera son travail sur la valorisation et la mise en confiance de l'enfant afin d'améliorer son estime de soi déficiente.

Une aide efficace

Une prise en charge orthophonique permet d'améliorer les capacités de perception, d'observation et de mémorisation visuelle. Elle donne aussi à l'enfant des stratégies pour pallier ses difficultés de concentration, d'organisation, de compréhension et de mémorisation. Cela se traduira par une amélioration progressive des résultats scolaires, notamment de la lecture et de l'écriture.

La psychomotricité

La psychomotricité est une technique thérapeutique qui utilise le corps pour accéder au psychisme. Elle est très utile chez les hyperactifs, notamment lorsqu'il existe des difficultés motrices : maladresse, troubles de la coordination, instabilité motrice importante. La prise en charge psychomotrice se fait en général à l'hôpital ou dans des structures de soins car il existe très peu de psychomotriciens et leurs séances ne sont pas prises en charge par la sécurité sociale.

La prise en charge psychologique du TDAH

Sous le terme de psychothérapie on regroupe l'ensemble des moyens psychologiques mis en œuvre dans un but thérapeutique. Mettre en place une psychothérapie dans le TDAH est toujours utile, ne serait-ce que pour aider l'enfant à mieux vivre avec son trouble.

Différents professionnels sont habilités à pratiquer une psychothérapie. Elle est généralement associée au traitement médicamenteux chez les enfants de plus de six ans.

Les psychothérapeutes

Ce terme général désigne toute personne qui pratique la psychothérapie. Elle peut être médecin ou non, psychologue ou non. Il n'existe pas encore de réglementation de l'exercice de la psychothérapie, ni aucun diplôme universitaire de psychothérapeute. On distingue différentes sortes de psychothérapies : familiale, de groupe, de soutien, d'inspiration psychanalytique, cognitivo-comportementale mais aussi la programmation

Les psychothérapies qui marchent

Dans un rapport publié en 2004, l'Inserm (Institut national de la santé et de la recherche médicale) a analysé plus de 1 000 études scientifiques pour évaluer l'efficacité des psychothérapies chez les enfants et les adultes. En voici les principaux résultats.

	TCC	Thérapie Familiale	Psychanalyse
Dépression	+	-	-
TOC	+	-	-
Anxiété généralisée	+	-	-
Trouble de la personnalité	+	-	+
Autisme	+	+	-
Hyperactivité	+	+	-
Troubles des conduites	+	+	-

+ = Efficacité démontrée
- = Efficacité non démontrée ou inefficacité

neurolinguistique (PNL), l'analyse transactionnelle, etc. Sauf si le professionnel qui la pratique est médecin, les séances de psychothérapie ne sont pas remboursées par la sécurité sociale. Dans le TDAH, seules les psychothérapies familiales et la thérapie cognitivo-comportementale (TCC) ont fait la preuve de leur efficacité *(lire encadré)*.

Les psychologues

Ce sont des professionnels qui ont suivi au moins cinq ans d'études universitaires en psychologie. Cette formation est axée sur la compréhension des comportements humains et sur l'apprentissage des différentes techniques permettant de résoudre les difficultés de vie. Les psychologues pratiquent les psychothérapies. Ils font également passer des tests psychologiques d'évaluation. La visite chez un psychologue n'est pas remboursée par la sécurité sociale et les tarifs varient beaucoup en fonction du professionnel.

Aider aussi les parents

Une bonne prise en charge de l'hyperactivité doit inclure une aide aux parents. Elle peut être réalisée par le médecin de famille, par le pédopsychiatre ou par les associations de parents. Il est important qu'ils ne se sentent plus isolés, qu'ils ne pensent plus être les seuls dans leur cas. Les informer sur le trouble de leur enfant c'est leur donner les moyens d'y faire face.

Les psychiatres

Médecins spécialisés dans le diagnostic, le suivi et le traitement des troubles mentaux, ils sont habilités à prescrire des médicaments. Ils peuvent également pratiquer la psychothérapie. La profession de médecin psychiatre est réglementée par l'ordre national des médecins. La consultation est prise en charge par la sécurité sociale.

Les psychanalystes

Le plus souvent médecins ou psychologues, les psychanalystes se réfèrent aux théories de Freud ou de Lacan. Ils ont suivis une formation spécialisée et ont eux-mêmes suivi une psychanalyse. Avant de choisir un psychanalyste, il est préférable de se renseigner auprès des différentes associations de psychanalyse française. En général les séances d'analyse ne sont pas prises en charge par la sécurité sociale. Les études statistiques n'ont pas montré une efficacité évidente de la psychanalyse dans le traitement du TDAH.

La thérapie cognitivo-comportementale

Forme de psychothérapie jugée la plus efficace dans le TDAH, la TCC est basée sur l'apprentissage et la mise en place de nouveaux comportements.

Comment se déroule une thérapie ?

Le but de cette thérapie est de modifier un comportement qui gêne la vie de la personne. Elle exploite les capacités de chacun à apprendre des compétences nouvelles.

Au cours des premières séances, le patient détermine avec le thérapeute ce qui pose actuellement problème dans sa vie à différents niveaux :

- Au **niveau comportemental** : l'agitation motrice par exemple.
- Au **niveau cognitif** : « je me dis que je ne vaux rien ».
- Au **niveau émotionnel** : « je ressens de la tristesse ».

Grâce à l'intervention active du thérapeute, les difficultés du patient sont replacées dans leur contexte, reliées à son histoire personnelle. Des explications sont avancées pour comprendre pourquoi le trouble est apparu ou pourquoi il perdure. Après ce temps d'analyse, un problème particulier, en général le plus prégnant dans la vie quotidienne, est analysé de manière plus fine.

La remédiation cognitive à l'essai

Il s'agit d'un entraînement cognitif qui peut être comparé à un entraînement sportif : l'attention de l'enfant hyperactif est stimulée par des exercices de concentration régulièrement répétés à la maison et à l'école. C'est une méthode qui permet au sujet d'acquérir de nouvelles activités d'apprentissage pour combler les lacunes dues au TDAH. Différents supports peuvent être utilisés tels que l'ordinateur, des supports audio ou visuels. Des recherches récentes menées au Canada ont montré que quatre séances par semaine permettent de diminuer les troubles de l'attention et d'abaisser les posologies de Ritaline®.

Le patient apprend à observer ce problème, à quels moments il arrive, ce qu'il entraîne, etc. Puis patient et thérapeute se concertent pour définir les objectifs du traitement et les moyens à mettre en œuvre pour y arriver. Le praticien propose généralement des exercices spécifiques en fonction du problème à traiter.

Comment aide-t-elle un enfant hyperactif ?

Le but est d'apprendre à l'enfant hyperactif des schémas comportementaux qui seront mieux adaptés à son environnement familial, scolaire et social. Les TCC permettent de traiter les processus cognitifs sous-jacents à l'hyperactivité et non l'agitation motrice en elle-même. Le projet thérapeutique est personnalisé en fonction du symptôme que l'enfant trouve le plus gênant et qu'il désire contrôler. Le praticien établit un contrat avec l'enfant et sa famille et met en place un cadre et des limites qui peuvent être redéfinies en cours de thérapie, en fonction des progrès. Dans le TDAH, les exercices proposés visent particulièrement à :
- Améliorer l'attention et l'effort.
- Inhiber les réponses motrices exagérées en fonction des situations.
- Apprendre à moduler le niveau des réponses en fonction des demandes.

Pour quelles maladies les TCC marchent-elles le mieux ?

- Troubles de l'humeur et troubles anxieux : phobies sociales, phobies simples, attaques de panique, agoraphobie, trac, claustrophobie, dépression.
- Toutes les affections liées au stress.
- Troubles du contrôle : tics, tabagisme, jeu pathologique, hyperactivité, troubles de l'alimentation, notamment boulimie.
- Troubles psychosomatiques : migraines, douleurs chroniques.
- Certains troubles apparaissant dans l'enfance : phobie scolaire, énurésie, hyperactivité, troubles des conduites sociales.

Apprendre aux enfants hyperactifs à se relaxer

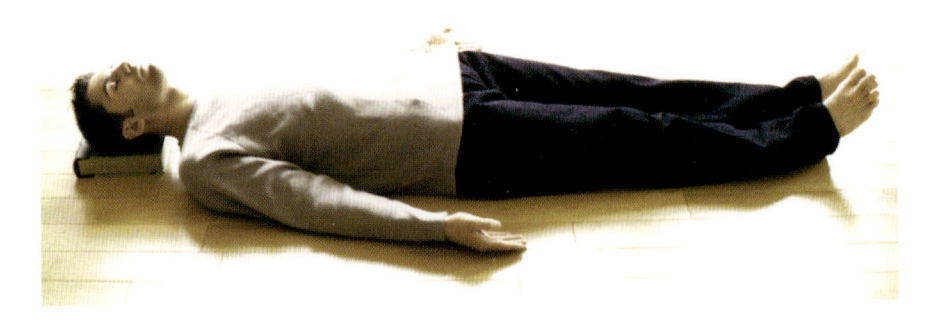

Les enfants hyperactifs sont en permanence sous tension. Il peut être utile de leur proposer des séances de relaxation que l'on pourra ensuite répéter à la maison.

Un objectif : le repos

La relaxation fait partie de la grande famille des psychothérapies. Les techniques diffèrent selon la formation du thérapeute mais le but est toujours le même : apprendre à relaxer son corps pour détendre son esprit. Le résultat est immédiat après la séance : détente musculaire, impression de légèreté, quiétude. Les séances peuvent être individuelles ou en groupe. On propose souvent la relaxation aux enfants hyperactifs pour les aider à prendre conscience de leur corps autrement que dans l'agitation psychomotrice.

Quatre étapes vers le bien-être

- **Se raconter** : toute séance de relaxation débute par la **mise à plat des problèmes**. Cela aide à la prise de

---

Se préparer à une séance de relaxation

- **Où ?** Dans une pièce calme assez chauffée mais pas trop, dans la semi-obscurité.
- **Quand ?** Le matin, pour bien commencer la journée ; Le soir, après une journée fatigante ou à tout moment de la journée quand le besoin s'en fait sentir.
- **Comment ?** Avec des vêtements confortables mais pas trop couvert
- Soit assis dans un fauteuil confortable, les bras reposant sur les accoudoirs.
- Soit allongé, la tête reposant sur un oreiller fin.

conscience des blocages actuels. Parler de soi prépare à la séance en diminuant les tensions dues au stress.

- Apprendre à **respirer pour chasser le stress** : le thérapeute vous demande de vous concentrer sur votre respiration, une inspiration profonde suivie d'une expiration sous l'œil attentif du praticien. Ce temps dure quelques minutes et prépare le corps à une véritable détente musculaire.

- **Penser son corps** : une fois que le sujet est bien apaisé par les exerces de respiration, le praticien lui demande de se concentrer tour à tour sur les différentes parties de son corps, des pieds à la tête. Il lui demande de contracter et de décontracter successivement les différents muscles. Le thérapeute l'aide en nommant les parties du corps sur lesquelles il doit se concentrer par des phrases telles que « vos bras deviennent lourds, de plus en plus lourds, laissez-vous aller… ».

- **Visualiser** : cette dernière étape est souvent difficile à atteindre en début de pratique. Elle consiste à **faire le vide** dans sa tête en se débarrassant de toutes les pensées parasites. Le thérapeute vous demande de vous concentrer sur une image mentale ou une couleur associée pour vous à quelque chose de joyeux.

Les différents types de relaxation

Outre les techniques de relaxation classique, il existe quelques techniques particulières :

- La **musicothérapie** utilise la musique pour aider à la visualisation d'images reposantes et favoriser la détente physique et psychique. Elle est utilisée chez les enfants hyperactifs qui sont très sensibles aux bruits.
- La **sophrologie** est une méthode thérapeutique préconisée dans les états de stress et certaines maladies aggravées par le stress comme l'asthme ou l'hypertension artérielle. Elle plonge le sujet dans un état de conscience proche du sommeil pour amener le patient à revivre des émotions douloureuses du passé et y remédier grâce à un déconditionnement opéré par le thérapeute.
- Le **Reiki** est basé sur le transfert d'énergie entre le praticien et le patient grâce à l'imposition des mains sur le corps. Les sensations ressenties sont ensuite rapportées au praticien qui les analyse ; il est peu pratiqué dans le TDAH.

L'HYPERACTIVITÉ AU QUOTIDIEN

Comment gérer l'hyperactivité au jour le jour ?

Parents fatigués, excédés, découragés par cette tornade qu'est un enfant hyperactif dans la maison, voici quelques conseils pour vous aider à reprendre le dessus.

Positivez !

Tout d'abord, pour modifier la perception que vous avez de votre enfant :
• Bannissez de votre vocabulaire tous les adjectifs péjoratifs décrivant le comportement de votre enfant pour les remplacer par des qualificatifs positifs.
• Faites plus attention à tout ce qui va bien chez votre enfant qu'à ce qui ne va pas et à le lui dire : les enfants hyperactifs sont hypersensibles à la fois aux encouragements et aux récompenses.
• Acceptez le fait qu'il est impossible de modifier radicalement le comportement de votre enfant. Il ne deviendra jamais un enfant calme et sans soucis parce que son hyperactivité est au-dessus de la volonté. Il ne fait pas exprès d'être agité, il ne fait pas ça non plus pour « embêter ses parents ». Même si la Ritaline® peut aider, elle ne règle jamais tous les problèmes puisqu'on ne peut pas la donner tout le temps.
• Prenez le temps de jouer avec votre enfant en lui montrant l'intérêt que vous portez à ce qu'il fait, à ce qu'il dit. Dans ces moments privilégiés, évitez de lui donner des ordres, laissez-le faire, soyez juste là pour donner un regard positif sur ce qu'il fait. Montrez-lui que vous prenez du plaisir à être avec lui. Si c'est trop

L'HYPERACTIVITÉ AU QUOTIDIEN

difficile, s'il s'agite beaucoup expliquez-lui qu'il a besoin de calme et que vous aussi et que vous reprendrez quand il se sera un peu calmé puis quittez la pièce en le remerciant pour ce moment passé avec lui.

Des règles éducatives spécifiques

Les enfants hyperactifs ne sont pas des enfants comme les autres à cause de leurs difficultés d'attention, de mémoire et de leur impulsivité. Autant de paramètres qui doivent être pris en compte dans l'éducation pour ne pas aggraver les symptômes.
Quelques règles simples sont recommandées par les spécialistes :
- Exigez un minimum de respect de la part de votre enfant pour que les règles que vous fixez soient respectées.
- Établissez une liste de règles à respecter que vous remettez à toute la famille et aux adultes qui s'occupent de votre enfant afin d'assurer une bonne cohérence dans l'éducation.
- Collaborez avec l'école. Il est important que l'enseignant soit au courant du diagnostic et au besoin fournissez-lui des informations sur l'hyperactivité pour qu'il apprenne à se comporter de façon adaptée avec votre enfant ; faites le point avec lui régulièrement.

La clé de la réussite : une organisation en béton

Un enfant hyperactif est dans l'immédiateté, c'est-à-dire qu'il n'arrive pas à se projeter dans l'avenir et a du mal à attendre. Il veut tout tout de suite. Il n'arrive pas à s'organiser. Pour pallier ces difficultés il a besoin :
- De principes de vie et d'horaires réguliers pour le coucher, les repas, la sieste.
- De règles simples, de réactions claires, positives et encourageantes.
- D'aide dans l'organisation de sa journée et de ses activités ; au besoin vous pouvez écrire le programme de la journée sur un tableau facilement accessible que l'enfant pourra consulter à tout moment.

Parents : n'hésitez pas à aller consulter pour vous-même

Parce qu'avoir un enfant hyperactif n'est jamais facile, il peut arriver que les parents, la mère en particulier, soient à bout, facilement agressifs, insatisfaits ou sur les nerfs. Si on n'y prend garde cela peut aboutir à une véritable dépression. Avant d'en arriver là, sachez que vous pouvez vous faire aider par un spécialiste, psychiatre ou psychologue, qui saura vous écouter, vous conseiller et au besoin vous prescrire une psychothérapie.

Faire face à l'opposition et à l'impulsivité

Tout parent d'enfant hyperactif rêve d'une recette miracle pour gérer les conflits. Si elle n'existe pas, il y a pourtant quelques règles qui permettent d'améliorer très progressivement les situations de crise.

Servez de modèle à votre enfant

Il faut garder toujours à l'esprit que les enfants se construisent en imitant leurs parents. Avant de dire à un enfant de se calmer, il faut déjà être capable de se calmer soi-même. Cela nécessite souvent de prendre de la distance, de s'isoler pour reprendre ses esprits et revenir vers son enfant plus serein. Mais ce n'est pas toujours facile en pratique. Pour vous aider, gardez sans cesse à l'esprit quelques principes simples :
- Le conflit n'est pas forcément une mauvaise chose en soi ; ne lui donnez pas plus d'importance qu'il n'en mérite et surtout évitez l'escalade.
- Soyez positif ; un enfant qui vit dans une ambiance harmonieuse où il n'y a pas trop de cris se sentira plus en confiance.

Punir son enfant : la solution ?

Les réprimandes ou les punitions répétées peuvent entraîner chez les enfants hyperactifs une mauvaise confiance en eux ce qui ne fera qu'amplifier les problèmes. Pourtant, la punition est nécessaire pour dire à l'enfant qu'il a dépassé les limites tolérées. Elle doit être immédiate. Choisissez alors des punitions non humiliantes et surtout pas de punitions physiques. En donnant la punition, restez le plus calme possible, ne rejetez pas votre enfant mais expliquez-lui en brièvement les raisons. Une fois que l'orage est passé, n'en parlez plus. Quand c'est fini, c'est fini.

Comment faire respecter ses ordres

- Formulez vos ordres sous forme d'affirmation et non de question : « Range tes affaires s'il te plaît » sera plus efficace que « est-ce que tu peux ranger tes affaires ? ».
- Ne donnez qu'un seul ordre à la fois et assurez-vous que l'enfant fait ce que vous lui avez demandé ; ne le « lâchez » pas tant que ce n'est pas fait.
- Assurez-vous que votre enfant a bien entendu ce que vous lui avez dit, au besoin répétez-le-lui ou faites-le-lui répéter.
- Donnez-lui un peu de temps pour obéir, surtout s'il est en train de faire autre chose ; par exemple vous pouvez compter à haute voix jusqu'à cinq.
- Posez des limites claires qui doivent rester toujours les mêmes et ne pas varier en fonction de votre disponibilité ou de vos humeurs.

Gérez son impulsivité

Beaucoup d'enfants hyperactifs sont impulsifs : ils ne réfléchissent pas avant d'agir aux conséquences possibles de leurs actes. Ils agissent de façon irréfléchie et incontrôlée. C'est donc aux parents de leur apprendre à se contrôler. Quelques petites techniques dites de contrôle mental peuvent aider :
- Demandez-lui de compter jusqu'à cinq avant de faire quelque chose, avant de répondre.
- Demandez-lui de prononcer la phrase suivante dans sa tête avant toute situation à risque : « stop, réfléchis et agis ».

Les pièges à éviter

- Vous sentir responsable du comportement de votre enfant et culpabiliser.
- Donner une éducation trop rigide ou avoir de trop grandes exigences ; toujours s'adapter aux capacités réelles de l'enfant.
- Ne pas avoir de relation avec les enseignants ou, au contraire, de mauvaises relations.
- Penser que vous êtes seuls dans ce cas, qu'il n'y a que votre enfant qui pose problème alors qu'on sait aujourd'hui que l'hyperactivité est un trouble fréquent
- Entrer systématiquement en conflit avec votre enfant, même pour des choses sans importance.

Les enfants hyperactifs et le sport

Faire du sport est toujours bon pour un enfant hyperactif mais certaines activités sont plus adaptées que d'autres.

Faire du sport, une nécessité

Tout enfant a besoin de faire du sport, de se dépenser. Cependant, pour un enfant hyperactif, apprendre un sport implique des efforts supplémentaires. Des efforts d'attention et de concentration, dans les relations avec les autres, au niveau de la motricité. Le plus raisonnable est de lui proposer une seule activité qui plaît vraiment et de s'y tenir. Parfois, l'enfant hyperactif ne supporte pas les règles que nécessite la pratique d'une activité sportive. Il ne faut pas le forcer, il y a un temps pour tout. Mais vous pouvez alors lui proposer des activités sans contraintes comme se balader, courir, aller aux champignons, jardiner, faire du vélo, etc.

Point trop n'en faut

Comme tous les autres enfants, l'hyperactif trop sollicité sera fatigué, mais contrairement aux autres, il ne s'en plaindra pas. Et qui dit fatigue, dit énervement, hyperémotivité, crises de colère plus fréquentes et aggravation des troubles du comportement. Il ne faut pas tomber dans le piège de vouloir épuiser son enfant pour le défouler un maximum sous prétexte qu'il est hyperactif ou dans le but d'avoir la paix à la maison. Ça ne marche jamais. C'est donc aux parents de gérer les activités extrascolaires afin d'éviter le surmenage toujours néfaste.

Nature et hyperactivité font bon ménage

L'intensité des symptômes de l'hyperactivité diminue lorsque les enfants TDAH passent du temps dehors, au contact des arbres et de l'herbe. Ce sont les conclusions d'une étude menée aux États-Unis auprès de 452 enfants TDAH âgés de cinq à dix-huit ans. Cette étude montre également que toute activité de loisir a un impact positif sur l'hyperactivité, quel que soit l'âge de l'enfant, son sexe ou sa classe sociale.

Les activités les mieux adaptées

Certains sports conviennent mieux que d'autres aux hyperactifs. Voici une petite liste indicative :
- Les **sports collectifs** comme le football ou le handball favorisent les relations sociales, impliquent l'intégration des règles et des limites, développent les capacités de concentration.
- Les **arts martiaux** comme le judo, le karaté ou le taekwondo favorisent la maîtrise de soi, de son corps et le respect de l'autre. Ils peuvent permettre également de canaliser l'agressivité et de gérer ses émotions tout en améliorant la motricité, l'équilibre et la coordination.
- Les **sport individuels** : la natation est source de bien-être, de calme grâce au contact de l'eau ; l'équitation responsabilise l'enfant qui doit s'occuper du cheval et le contact avec un animal peut avoir un rôle rassurant chez les enfants anxieux ; les sports de glisse plaisent souvent aux hyperactifs qui recherchent des sensations fortes, mais leur pratique doit être encadrée de près.
- Les **activités manuelles** comme la poterie, la sculpture ou le modelage développent la motricité fine et les capacités de concentration ; on les proposera davantage aux filles plus inattentives et moins hyperactives que les garçons.

Un hyperactif peut-il partir en colonie ?

Bien sûr ! En effet, vivre dans un groupe favorise les relations sociales, l'apprentissage du respect de l'autre et de l'autorité mais implique aussi d'intégrer les limites et les règles inhérentes à la vie en communauté. Essayez de trouver une colonie qui privilégie les activités créatives dans lesquelles votre enfant pourra s'épanouir afin d'améliorer sa confiance en lui-même. N'oubliez pas de signaler avant le départ, aux responsables, l'hyperactivité de votre enfant et, au besoin, expliquez-leur quelques règles à appliquer. Pensez également à leur parler du traitement médicamenteux si celui-ci est poursuivi pendant les vacances.

Jeux vidéo, télévision et TDAH

Beaucoup de parents affirment que l'agitation et les troubles de l'attention disparaissent ou diminuent devant un écran de télévision ou un jeu vidéo.

Regarder la télévision : pas si mauvais

C'est une manière ludique et agréable pour l'enfant de faire travailler sa mémoire, son attention et ses capacités cognitives. En effet, le spectateur n'est pas aussi passif que ce que l'on croit. Suivre le déroulement d'une histoire, d'un dessin animé met en œuvre des processus d'analyse. L'enfant réfléchit intérieurement à ce qu'il voit.

Des recherches récentes ont montré que les hyperactifs regardent autant la télé que les autres enfants du même âge et qu'ils sont attirés par les mêmes émissions.

En revanche, contrairement à ce que pensent beaucoup de parents, leurs capacités d'écoute et d'attention sont inférieures à celles des autres enfants, notamment lorsqu'il y a des éléments distrayants comme des jouets ou d'autres personnes dans la même pièce.

Jeux vidéo

Par les jeux les enfants apprennent beaucoup. Les jeux vidéo n'échappent pas à cette règle. L'hyperactif fait non seulement travailler ses capacités de concentration mais il apprend aussi à maîtriser son

---

Trop de télé augmente le risque d'hyperactivité

C'est le résultat d'une étude menée aux États-Unis qui a analysé les habitudes télévisuelles de 2 600 enfants jusqu'à l'âge de sept ans. Chaque heure passée devant la télé entre l'âge de un et trois ans augmente le risque d'être hyperactif par la suite. Trois heures par jour devant la télé augmentent ce risque de 30 %. Ces résultats confirment l'influence des facteurs environnementaux dans l'origine de l'hyperactivité chez des sujets présentant une vulnérabilité génétique.

comportement. Terminer une séquence de jeu, réussir à aller jusqu'au bout valorise l'enfant. La récompense de l'effort fourni est immédiate : un bon score.

Cependant, des études ont montré que les performances des hyperactifs aux jeux vidéo étaient inférieures à celles des autres enfants du même âge. Ils sont facilement distraits, bougent sur leur chaise et sont fréquemment attirés par ce qui se passe autour. Cependant, les symptômes diminuent globalement quand les hyperactifs sont captivés par l'écran.

Le rôle des parents

Jouer en famille permet à tous ses membres de passer un moment agréable ce qui est très apprécié par les enfants hyperactifs. Cependant, il faut aussi savoir limiter la télé chez les jeunes enfants : pas de télé avant deux ans et, au-delà, pas plus de une à deux heures par jour semblent des recommandations élémentaires. Encouragez plutôt votre enfant à aller prendre l'air si celui-ci est fan des jeux vidéo. Votre rôle de parent sera aussi de guider vos enfants dans le choix des programmes en tenant compte du contenu : limiter les films violents ou aux sujets difficiles chez ces enfants hypersensibles.

La musique, utile pour le TDAH ?

Écouter de la musique pourrait réduire certains symptômes de l'hyperactivité en diminuant le stress. Proposer à l'enfant de jouer d'un instrument de musique lui sera bénéfique et ce d'autant plus qu'il adore les sons, le rythme, les bruits. Un médecin français, le Dr Alfred Tomatis, a d'ailleurs mis au point une méthode thérapeutique utilisant la musique et les sons. Cela a donné de bons résultats chez les enfants TDAH. Selon ce médecin, il serait possible d'améliorer l'attention et la concentration grâce à la stimulation auditive par de la musique.

À l'école

L'école est l'endroit où l'hyperactivité est la plus criante. Et pourtant, c'est souvent à l'école que l'on prend le moins en compte les difficultés des enfants hyperactifs, par méconnaissance du trouble.

La récréation : attention danger

C'est un moment de relâchement après beaucoup d'efforts fournis et le risque d'agitation est grand. Si l'enfant perd le contrôle de la situation, vous pouvez l'isoler dans un endroit neutre en lui précisant que ce n'est pas une punition. Parlez-lui calmement, sans colère, en lui expliquant les raisons de sa mise à l'écart.

Le lieu de tous les dangers

À l'école, l'enfant hyperactif est souvent rejeté par les autres enfants et mal vu par les instituteurs car trop dérangeant. Le risque est grand qu'il se sente anormal, qu'il s'isole, qu'il ait une mauvaise image de lui-même. Ceci est d'autant plus vrai qu'il subit des moqueries de la part des autres élèves, qu'il se sent incompris par son instituteur. Tous ces facteurs contribuent grandement à favoriser l'échec scolaire. Il est donc nécessaire de repérer l'hyperactivité au plus tôt, le mieux étant dès la maternelle, pour mettre rapidement en place une prise en charge adaptée, informer les enseignants et ainsi diminuer le risque d'échec.

Adapter la salle de classe

Éviter les éléments distrayants dans l'environnement de l'hyperactif est essentiel pour favoriser autant que possible ses apprentissages, sinon vous le trouverez toujours le nez en l'air à regarder ce qui se passe autour de lui. Voici donc quelques conseils pratiques pour agencer la classe :

- L'environnement doit être le plus neutre possible : pas trop d'affiches colorées sur les murs et une décoration minimale.
- Placer l'enfant hyperactif loin des fenêtres, si possible au premier rang, devant le bureau de l'instituteur et lui choisir un voisin de table calme et pas trop bavard.
- Sur son bureau, n'autoriser que le matériel strictement nécessaire, éviter le superflu qui serait trop distrayant.

La discipline

L'école est l'endroit où il y a le plus de règles à respecter. Pour un hyperactif ce n'est jamais facile. Il a besoin de repères simples et d'une attitude adaptée. Voici quelques conseils pour l'amener progressivement à respecter les règles de la classe :
- Soyez ferme dans les règles à faire respecter et mettez systématiquement les menaces à exécution afin de ne pas perdre toute crédibilité en terme d'autorité.
- Évitez de vous mettre en colère sans raison.
- N'oubliez jamais que le comportement de l'enfant hyperactif est involontaire ; cela vous aidera à avoir le comportement le plus adapté.

Comment aider son enfant hyperactif à faire ses devoirs ?

Parce que ces enfants ont une incapacité à s'organiser pour faire leurs devoirs, leurs parents doivent les aider. Voici un exemple de planification à moduler en fonction de votre enfant et de vos disponibilités :
- Temps de détente après l'arrivée à la maison, au besoin faites goûter l'enfant, laissez-le se défouler avant de commencer les devoirs.
- Planifiez par écrit ce qu'il faut faire en mettant autant d'étapes que nécessaire. Il vaut toujours mieux faire des étapes courtes et diviser au maximum les tâches qui demandent le plus de concentration et prévoir toujours des pauses entre les différentes étapes.
- Commencez par ce qui demande le plus d'attention.
- Restez alors avec votre enfant pour vous assurer qu'il suit le planning et encouragez-le.
- Revenez au planning en lui répétant ce qui est prévu pour la suite de la soirée.
Et n'oubliez pas de le féliciter quand il a fini parce que cela lui a demandé beaucoup plus d'efforts que ce que vous pouvez imaginer.

Comment l'enseignant peut-il aider un enfant hyperactif ?

Il est primordial que l'enseignant connaisse l'hyperactivité. La première chose à faire en tant que parents est donc de mettre l'instituteur au courant. Ainsi il pourra adapter ses méthodes et l'environnement de la classe aux particularités de l'hyperactif.

Informer, collaborer

Certains conseils pratiques aideront les enseignants dans cette tâche difficile qu'est gérer un enfant hyperactif à l'école. Néanmoins, pour les appliquer, en comprendre la signification, il faut comprendre ce qu'implique le trouble de l'attention et l'hyperactivité. Former les enseignants est donc la première priorité. Cependant il faut toujours garder à l'esprit que les progrès prennent du temps : patience et persévérance sont les mots d'ordre quand on s'occupe des enfants TDAH. Pour évaluer les progrès accomplis et les efforts à poursuivre, il est important que l'enseignant rencontre régulièrement les parents.

Une méthode de travail personnalisée

Ce n'est jamais évident de traiter un élève à part et pourtant, adapter son enseignement à l'hyperactivité est la clé de la réussite. Voici quelques conseils pratiques pour vous aider à prendre en charge ce type de difficultés :
- Ne lui demandez qu'une chose à la fois et attendez qu'il ait fini pour lui donner une autre consigne.

- Pour un problème long ou complexe, découpez-le en plusieurs étapes.
- Valorisez l'enfant sur ses points forts.
- Laissez-lui un peu plus de temps pour rendre sa copie, au besoin demandez-lui de la réécrire.
- À l'impossible nul n'est tenu. N'exigez pas une copie bien écrite et sans rature alors que l'on sait qu'un enfant TDAH ne peut se concentrer à la fois sur le fond et la forme.
- Pensez toujours que l'enfant qui a un trouble de l'attention doit être le plus actif possible dans ses apprentissages.
- Proposez aussi souvent que possible de faire le travail par groupe de deux, l'autre élève ayant un rôle de contrôle du travail.

Organiser les tâches

Aider l'enfant hyperactif à planifier sa journée et son travail est indispensable puisqu'il ne peut le faire de lui-même. En pratique cela veut dire qu'il faut passer un moment avec lui en début de journée pour :
- Contrôler qu'il a toutes les affaires dont il a besoin, et uniquement celles-ci, à portée de main.
- Organiser sa journée en étapes-clés auxquelles il pourra se reporter.
- Lui rappeler certaines règles simples à respecter.
- Utiliser un agenda pour noter toutes les sorties et activités importantes.
- Lui apprendre à ranger ses affaires toujours à la même place pour éviter les oublis.

Et, en fin de journée, vous pourrez faire le bilan de ce qui s'est bien passé en pensant à le valoriser sur ses succès.

Un hyperactif aimé de ses camarades est un enfant plus heureux

Pour que l'hyperactif s'épanouisse à l'école et que cela devienne un plaisir de s'y rendre chaque jour, il est important de veiller à ce qu'il ait de bonnes relations avec les autres enfants. Toutefois cela va rarement de soi. Ses réactions agressives, son impulsivité font qu'il n'est guère apprécié. C'est encore aux enseignants de faire attention aux réactions de ses camarades, de leur apprendre à mieux communiquer entre eux, à respecter les différences. N'hésitez pas à complimenter l'hyperactif qui fait des efforts pour se conduire mieux, devant les autres, afin d'améliorer la perception qu'il a de lui-même.

Gérer les troubles de l'attention en classe et ailleurs

Se concentrer sur un devoir, faire attention à ce qui se dit, chaque tâche de la vie quotidienne est un effort considérable pour l'hyperactif.

L'importance de l'estime de soi

Améliorer l'estime que l'enfant a de lui-même c'est l'aider à mieux vivre son TDAH.
Pour y arriver, quelques conseils :
- Ne soyez jamais à court d'encouragements, de réassurance, de félicitations.
- Mettez en avant les qualités, les réussites plus que les défauts ou les échecs.
- Prenez le temps de parler avec votre enfant, surtout dans les moments d'énervement, pour lui proposer différents moyens de se calmer (s'éloigner un moment, respirer profondément, etc.).

Dans la vie quotidienne, ne demandez pas l'impossible

Ce n'est pas parce que les troubles de l'attention ne se « voient » pas qu'il faut faire comme s'ils n'existaient pas. Devant un enfant qui est dans la lune, rêveur, distrait, la tentation est grande de dire qu'il le fait exprès, qu'il manque de volonté, qu'il devrait faire plus attention. Mais un enfant atteint de TDAH a un déficit de l'attention qui ne dépend pas de sa volonté. Prendre conscience du problème, accepter le diagnostic, c'est déjà aider l'enfant qui se sentira (enfin) compris. Certes, on ne peut pas encore guérir du TDAH, mais on peut en diminuer son impact sur la vie quotidienne et sur la scolarité en adoptant une façon de faire adaptée.

En classe, adaptez les méthodes d'enseignement

Les parents doivent absolument mettre l'instituteur au courant des difficultés de l'enfant. Celui-ci pourra alors mettre en place très simplement certaines recommandations :
• Encouragez l'enfant à pratiquer l'autocorrection.
• Aidez régulièrement l'enfant à maintenir son attention par un signe discret dont vous aurez convenu à l'avance.

L'HYPERACTIVITÉ AU QUOTIDIEN

- Un enfant présentant un trouble de l'attention ne peut rester concentrer toute une matinée ; c'est lui demander l'impossible. Aménagez son emploi du temps en prévoyant des pauses, des moments pendant lesquels il peut se défouler. Préférez le début de matinée pour les matières nécessitant le plus d'attention.
- Faites des cours vivants, donnez des exemples concrets à chaque fois que possible, illustrez le cours, l'attention étant meilleure lorsque l'on sollicite la mémoire visuelle.
- Lors du cours, vérifiez si l'élève est attentif en l'appelant, au besoin en lui demandant de répéter.
- Lorsque vous souhaitez l'interroger, prévenez à l'avance que vous allez questionner un élève.

Contrôlez l'impulsivité en classe

- Mettez en place des règles de vie commune simples et claires. Le mieux est de les écrire et de les mettre dans un endroit pratique pour que les enfants et l'enseignant puissent s'y référer à tout moment de la journée.
- Apprenez à l'enfant à attendre avant de répondre, demandez-lui de lever la main.
- À chaque changement d'activité, prévenez l'élève quelques minutes avant pour qu'il puisse s'y préparer. N'oubliez pas que l'hyperactif, bien plus que les autres enfants, vit dans l'instant présent et est incapable de se projeter dans le futur : c'est à l'adulte de l'aider à quitter une activité pour s'investir dans une autre.
- Si l'enfant a un comportement inapproprié faites-lui la remarque sans colère, en évitant de vous emporter et de l'isoler si son comportement devient ingérable. N'exigez pas un comportement parfait de l'enfant TDAH parce qu'il ne le peut tout simplement pas.

Mieux vivre avec un enfant hyperactif

Il n'est jamais facile d'avoir un enfant hyperactif dans sa famille. Cela nécessite toujours des aménagements éducatifs, une façon de voir différente. Le but de toute éducation est d'aider l'enfant à mieux se connaître, à comprendre ses émotions pour mieux les gérer, à exprimer par des mots et non par son comportement ce qu'il ressent et à l'aider à vivre en société.

Les enfants hyperactifs ont aussi des qualités !

Dites stop à la liste de récriminations envers votre enfant et apprenez-lui à révéler ses qualités. Un enfant hyperactif est un enfant :
- Imaginatif, inventif, créatif, intuitif et non rêveur, dans la lune.
- Débrouillard.
- Tenace et non têtu.
- Sensible, hyperémotif et non coléreux, impulsif.
- Vif, expressif et non agité.

À la recherche du plaisir perdu

La sensation de plaisir entraîne la sécrétion, dans le cerveau, de certaines molécules chimiques appelées neurotrophines. Des recherches récentes ont montré que ces molécules stimulent la croissance des cellules nerveuses et augmentent le nombre de connexions entre les neurones ce qui faciliterait les apprentissages. Alors n'hésitez plus : prenez plaisir à être ensemble, en famille, à jouer avec votre enfant sans cris ni disputes. Cherchez à créer une place pour que chacun s'épanouisse, avec ses défauts et ses qualités. Et surtout ne vous découragez pas, même si cela vous demande beaucoup d'efforts, de persévérance, d'obstination et de joie de vivre. C'est essentiel pour votre enfant. Un hyperactif heureux est un enfant qui se sent accepté tel qu'il est, compris, valorisé.